国家自然科学基金青年基金项目（71802038）
国家社科基金重大项目（20&ZD074）
大连理工大学经济管理学院出版基金

企业知识搜索二元性与创新绩效：基于本地—远程搜索视角

Knowledge Search Ambidexterity and Innovation Performance: A Local-distant Search Perspective

汪玥琦◎著

中国财经出版传媒集团

经济科学出版社
Economic Science Press

图书在版编目（CIP）数据

企业知识搜索二元性与创新绩效：基于本地—远程搜索视角/汪玥琦著．—北京：经济科学出版社，2021.4

ISBN 978－7－5218－2469－8

Ⅰ.①企…　Ⅱ.①汪…　Ⅲ.①企业管理－知识管理－研究　Ⅳ.①F272.4

中国版本图书馆 CIP 数据核字（2021）第 057037 号

责任编辑：刘　莎
责任校对：杨　海
责任印制：王世伟

企业知识搜索二元性与创新绩效：基于本地—远程搜索视角
汪玥琦　著
经济科学出版社出版、发行　新华书店经销
社址：北京市海淀区阜成路甲 28 号　邮编：100142
总编部电话：010－88191217　发行部电话：010－88191522
网址：www.esp.com.cn
电子邮箱：esp@esp.com.cn
天猫网店：经济科学出版社旗舰店
网址：http://jjkxcbs.tmall.com
北京季蜂印刷有限公司印装
710×1000　16 开　13.25 印张　230000 字
2021 年 4 月第 1 版　2021 年 4 月第 1 次印刷
ISBN 978－7－5218－2469－8　定价：46.00 元
（图书出现印装问题，本社负责调换。电话：010－88191510）

前　言

企业知识搜索是组织学习与技术创新领域中一个颇受关注的话题。自组织二元性的概念提出后，又有学者将二元性的视角和研究范式引入知识搜索的研究中。然而，知识搜索二元性的研究过于集中于探索式—利用式搜索视角，缺乏对其他形式知识搜索二元性的探讨。同时，现有研究往往将本地搜索—远程搜索与探索式搜索—利用式搜索这两组概念混淆使用，模糊了这两组概念原本的定义和内涵。此外，现有研究大多仅从单一维度研究本地搜索与远程搜索，缺乏对多种边界的本地—远程搜索的比较研究。

因此，本书聚焦于组织边界与技术边界的本地—远程搜索二元性。笔者认为，现有的关于组织二元性，包括知识搜索二元性的研究存在以下三点不足或值得深入探讨的问题：①对前因的研究集中于组织内部情境、组织结构、高管团队，仅有较少的研究涉及组织冗余资源和自身能力的作用；②尽管大多数的研究确认了组织二元性对企业绩效的促进作用，但仍然有研究表明，组织二元性对企业绩效的提升并不明显，而组织在两种矛盾对立的战略间的交替则表现出较好的绩效作用。因此，关于“组织二元性是否能够提升企业绩效”这个问题的回答依然存在争议和局限，需要更多的研究；③企业嵌入在环境中，也在环境的影响下开展决策，决策的效果经常受到环境的影响。企业外部环境（环境动态性与环境敌对性）因为其复杂的特性，在企业策略选择与实施的过程中起到的作用是权变的、尚不明确的，需要具体问题具体分析。因此，本书在第 3 ~5 章中，以在美国上市的制造业企业为研究样本，采用多个来源（NBER 专利数据库、COMPUSTAT 财务数据库、美国制造业行业数据普查）的二手数据构造了时间跨度为 1997 ~ 2000 年的面板数据，并分别对企业组织边界与技术边界上的本地—远程知识搜索二元性的前因与绩效效应展开研究。

本书共包含 6 章。其中，第 1 章为绪论，介绍了促使笔者开展本项研究工作的现实背景与理论背景，提出本书关注的研究问题并界定了其中的重要概念。接着，笔者介绍了本项研究的主要研究方法、研究内容安排以及研究的技术路线。

第 2 章对与本研究相关的学术文献进行了回顾、梳理、综述。首先是对与企业知识搜索相关的文献进行了系统的搜集与分析，并对具有代表性的中英文文献进行了回顾和比较分析。其次，对企业知识搜索这一重要构念进行了内涵界定，并探讨了由此延伸出来的二元性视角。最后，笔者对企业知识搜索的前因和绩效效应方面的学术文献分类进行了综述。

第 3 章从企业能力的角度出发，关注的是企业的吸收能力及其与外部环境的交互对企业本地—远程知识搜索二元性策略选择倾向的影响。由于资源观和交易成本理论对这一问题存在着相反的解释机制，因此，本章提出了三组竞争性假设。通过对样本企业的分析，可以确定资源观有着更强大的解释力。本章研究的具体结论为：①吸收能力强的企业会倾向于在组织边界上开展二元性本地—远程搜索，即同时在组织内外开展知识搜索，但不一定会在技术边界上开展二元性搜索。②在环境动态性提升的情况下，吸收能力越强的企业就越会倾向于在组织边界上开展二元性知识搜索，但是不一定会更倾向在技术边界上开展二元知识搜索策略。③当环境敌对性加剧时，吸收能力越强的企业在组织边界上开展二元性知识搜索策略的倾向就越会被削弱，但是不一定会削弱企业在技术边界上开展二元知识搜索的倾向。

第 4 章从企业内部资源的角度着手，探讨了企业的冗余资源及其与外部环境的交互对企业本地—远程知识搜索二元性策略选择倾向的影响。其中，笔者不但检验了组织冗余作为一个整体时对企业知识搜索决策的影响，更是打开了组织冗余的黑箱，按照其被组织吸收的程度分为已吸收冗余、未吸收冗余、潜在冗余，并比较了它们各自的作用。具体结论如下：①在组织边界上，组织冗余较多的企业会倾向于选择二元性本地—远程知识搜索策略，其中发挥作用的主要是已吸收冗余；在技术边界上，较多的已吸收冗余也会使企业倾向于开展二元性本地—远程知识搜索，但是这一作用会被其他类型的冗余所掩盖。②环境动态性会在组织边界上削弱组织冗余，尤其是潜在冗余对企业二元性知识搜索策略选择倾向的正向影响；而无论是作为一个整体的组织冗余还是细分为三种类型的组织冗余，对技术边界上的企业知识搜索策略选择的作用未必会受环境动态性的影响。③环境敌对性会在组织边界上削弱组织冗余对企业二元性知识搜索策略选择倾向的正向影响，但是三种冗余资源在其中起到的作用并不相同：已吸收冗余、潜在冗余和二元性知识搜索倾向的正向作用会被环境敌对性增强，而未吸收冗余的作用则会被削弱。在技术边界上，环境敌对性会增强已吸收冗余对企业二元性知识搜索策略选择倾向的正向影响，但是对整体组织冗余的作用没有显著影响。

第 5 章则分别研究了企业本地—远程知识搜索二元性及其与所占有的资源（以企业规模为表征）、外部环境的交互对企业创新绩效的影响。实证结果表明：①相比于仅采用一元性知识搜索策略的企业，在组织边界或技术边界上采用二元性本地—远程知识搜索的企业会获得更高的创新绩效，包括拥有更大的专利影响力以及更多的有效专利产出。②在同时于企业内外部和技术领域内外开展知识搜索的企业中，规模较大的企业会获得更高的创新绩效，即拥有更大的专利影响力以及更多的有效专利产出。③企业在组织内外和技术领域内外开展二元性本地—远程搜索的绩效结果不一定会受到环境动态性的影响。④在环境敌对性高的情况下，企业在技术领域内外开展二元性本地—远程知识搜索而获得的创新绩效会被削弱；但是企业在组织内外开展二元性知识搜索而获得的绩效不一定会受到影响。

第 6 章对本书的研究结论进行了归纳，并对理论贡献、现实意义以及未来研究展望进行了总结和评述。其中，本书的研究存在以下若干贡献：①以本地搜索和远程搜索的二元性作为研究对象，丰富并拓展了组织二元性的概念与实证依据。②对吸收能力、外部环境，以及两者交互对企业本地—远程知识搜索二元性的影响的分析，有助于解决资源观与交易成本理论这两种不同的理论视角在看待这一问题时产生的冲突。③本书的研究打开了组织冗余的黑箱，验证了不同的组织冗余在环境因素的作用下，对企业的知识搜索有着不同的影响。④实现了多个边界上知识搜索二元性的比较分析，证实了表现为知识搜索二元性的组织二元性对绩效的促进作用，解释了组织二元性的创新绩效效应是如何发生的，为持类似观点的研究提供了更多有力的实证支撑。

目录

第 1 章

绪　论

1.1　研究背景

1.1.1　现实背景

创新是社会经济增长的源泉和动力，也是可持续发展的关键因素。当今世界的创新环境与以往相比，已经发生了重要的变化，这主要体现在：产业结构的变化，技术更新换代更加频繁，新产品开发的周期缩短，市场偏好与功能要求变化迅速，市场需求量难以预测，市场冲击的存在，等等（Jansen, Van den Bosch & Volberda, 2006；Levinthal & Myatt, 1994；Sirmon, Hitt & Ireland, 2007；Akgün et al., 2007；Tsai & Huang, 2008）。正如波音公司的首席技术官约翰·特雷西（John Tracy）所说的那样：

"我们永远不能停歇，不能安于现状。世界正持续变化，不能适应变化就无法长期立于巅峰。这使我们的团队面临更高的门槛，也让我们以不同以往的方式来思考，究竟该如何将创新带入到市场中"（Thomson Reuters, 2015）。

随着开放式创新思维的广泛扩散，越来越多的企业意识到，仅仅依靠内部的资源、自身的知识基础去创造新的知识是有局限性的，而应该在此基础上，广泛地在企业之外、技术领域之外寻求自身缺乏的知识（Chesbrough，2003）。英特尔公司在2006年成立“英特尔平台应用创新联盟”，广泛地与软硬件企业开展合作，并在一些大学中建立“Lablet”研究所，投资大学的学术研究，并从中获取原创技术。这种内外兼而有之的对知识、信息、成果进行搜索与获取的策略，一定程度上将企业创新的“漏斗”变成了“筛子”，增加了创新被商业化的成功率（王圆圆，2008）。

此外，由于企业业务的逐渐多元化，以及交叉学科的兴起，跨技术领域的知识搜索与寻求的重要性日益凸显。比如日本最大的半导体制造商——东芝公司，在日本政府宣布将农业作为未来的战略发展领域后，将目光投向了农业。东芝一方面利用自己以往在信息、通信、能源等行业中积累的知识与经验，另一方面结合农业领域中的相关业务需求，开展农产品DNA业务。举例来说，东芝于1991年研制出了电流检测基因的技术，后于2000年在此基础上向农业领域拓展，成功研发出了用于动植物的DNA检测装置（马场燃，2013）。

持续的技术变革能够带来持久的价值，而知识，尤其是优质的知识，作为生产活动中的一种投入，能够提高边际产量，为企业带来绩效上的提升，并实现长期的社会经济增长（Romer，1994）。为技术和知识提供排他性的所有权保护的专利也成为了衡量企业绩效与价值的一个重要指标。对知识的搜索是专利行为中不可缺少的一个环节，而专利活动也是知识搜索行为的一种体现。通过广泛搜索优质、相关的知识，企业能够接触到更多有利于创新行为的资源，从而与自身已有资源相结合，产生新的知识（专利）。切斯布洛（Chesbrough，2003）在其关于开放式创新的著作中，剖析了封闭式创新给施乐公司带来的弊端，并阐述了在开放式创新的思维下，企业应该如何进行技术研发与创新。这也从一个方面体现出，以往单一渠道的知识获取方法已经逐渐暴露出弊端，而内外兼修的二元性知识搜索能够给企业带来持续的成长。

因此，综上所述，“企业在何种情况下会倾向于开展二元性知识搜索”“二元性知识搜索提高创新绩效的前提条件是什么”成为了本书试图回答的问题。

1.1.2 理论背景

企业知识搜索是企业为了学习新技术、开发新产品、创造新流程、寻求新市场而开展的信息和知识的搜寻活动（Sidhu et al.，2007）。知识是企业构建创新能力与保持竞争优势的重要支撑（Nelson & Winter，1982；Cohen & Levinthal，1990；Chesbrough，2003），继西尔特和玛驰（Cyert & March，1963）在其著作《企业行为理论》中系统地提出了“组织搜索”的概念后，企业知识搜索成为了组织学习与技术创新领域中的一个热点问题。现有的文献中，关于企业知识搜索的研究既有从前因（Guo，Wang，Xie & Shou，2015）、绩效（Martin & Mitchell，1998；Singh，2008）、情境（Chen & Miller，2007；Cruz-González et al.，2015）这些角度开展的，从理论视角上看，又不乏从资源观（Kriauciunas & Kale，2006；Macher，2006）、能力观（Zhou & Wu，2010）、交易成本理论（Bayona，Garcia-Marco & Huerta，2001；Guo & Wang，2014）、制度理论（Greve & Taylor，2000；Giarratana & Mariani，2014）等角度切入的，呈现出百花齐放、百家争鸣的局面。

在半个多世纪的企业知识搜索研究中，学者们按照不同的标准，将企业知识搜索行为划分出了多个类别，对知识搜索这一概念做出了大量的拓展与延伸：①根据企业开展知识搜索的驱动因素，知识搜索可以分为问题解决式搜索与冗余驱动式搜索（March & Simon，1958；Cyert & March，1963；Levinthal & March，1981）。企业在创新过程中为了解决特定问题、完成目标而开展的知识搜索便是问题解决式搜索，演化经济学也认为知识搜索一定程度上是问题解决的过程与活动（Nelson & Winter，1982；Huber，1991）；但有时企业开展知识搜索并非出于形势所迫，而是利用自身的冗余资源，在闲暇的状态下开展搜索。②卡蒂拉和阿胡加（Katila & Ahuja，2002）则对知识搜索行为的划分从一维拓展到了二维，按照企业搜索知识的广泛程度和对现有知识利用的深入程度，首次提出了宽度搜索与深度搜索的概念，并对企业的专利搜索行为展开了研究。此后，劳尔森和萨尔特（Laursen & Salter，2006）、莱波宁和埃尔法（Leiponen & Helfat，2010）则关注的是企业对外部知识搜索渠道的宽度搜索与深度搜索，提供了更多的实证依据。③根据企业对其搜索的知识是否熟悉这一管理认知上的标准，知识搜索又可以划分为探索式搜索与利用式搜索（Fleming，2001；Russo & Vurro，2010），如果企业搜索的知识是来源于熟悉的领域或者是曾经被企业使用过的，则为利用式搜索，否则就是探索式搜索。④根据企业搜索知识的来源，或者开展知识搜索的"场所"，知识搜索行为又可以划分为本地搜索与远程搜索，本地搜索是指企业在组织内部（Almeida et al.，2003；Afuah & Tucci，2012）、相同技术领域内部（Rosenkopf & Almeida，2003）、同一地理范围内（Jaffe et al.，1993）或相同文化制度的地区中（Kriauciunas & Kale，2006）开展知识搜索，而远程搜索则恰好相反。在本地搜索与远程搜索的研究中，现有研究大多从单一的边界上研究企业的本地搜索与远程搜索，也有少量研究边界拓展或跨界的本地与远程搜索，却缺乏对不同边界上企业知识搜索的影响因素和绩效作用的比较研究。此外，还有一些研究将本地—远程搜索等同于探索式—利用式搜索（Rosenkopf & Nerkar，2001；Katila & Ahuja，2002；Fleming & Sorenson，2004；Wang & Li，2008；Kim & Park，2013），并未对其加以区分。

随着企业管理实践的不断深化拓展，越来越多的企业意识到，通过特定的行为方式，有效地同时开展一些看似矛盾对立，甚至会产生资源争夺的战略行为，而不是对其进行取舍，反而会带来更高的企业绩效，而这种行为被称为组织二元性（Duncan，1976）。在这之后，不断有学者对组织二元性的概念进行拓展，特别是在玛驰（1991）提出"探索"与"利用"这一对具有高度概括性的概念之后，组织二元性的研究便集中于探索和利用的二元性上（He & Wong，2004；Cao et al.，2009），此后，虽然也有研究将组织二元性的研究范式引入知识搜索的研究中，但除了卡蒂拉和阿胡加（2002）以宽度搜索和深度搜索为研究对象外，更多的研究还是聚焦于探索式搜索与利用式搜索（Jansen et al.，2006；Wang & Li，2008）。因此，有学者呼吁，组织二元性的概念急需拓展延伸（Raisch & Birkinshaw, 2008）。鉴于本地搜索与远程搜索的二元性少有研究涉及，再加上以往的研究中多将其与探索式搜索与利用式搜索混淆，因此，严格区分这两组知识搜索类型并加强对本地—远程搜索二元性的研究，就显得尤为重要。

现有的关于组织二元性，特别是知识搜索二元性的研究对其前因做了相应的研究，但是，这些前因研究较为集中地探讨组织内部情境、组织结构、企业高管团队的作用（Raisch & Birkinshaw, 2008），却较少有研究涉及组织冗余和吸收能力这两个重要的因素。组织冗余根据其被组织吸收程度的不同，可以划分为已吸收冗余、未吸收冗余、潜在冗余（Bourgeois, 1981; Bourgeois & Singh, 1983; Greve, 2003）。有学者认为，这三种组织冗余来源不同，在组织决策和运营中发挥的作用也是不同的（Singh, 1986）。但是，有很多的研究并未对这三种冗余加以区分（Chen & Miller, 2007; Dasi, Iborra & Safon, 2015），而有的研究虽然对其加以区分，但是在回答“不同类型的组织冗余是否发挥了不同的作用”这一问题时，却给出了相反的回答（Hambrick & D'Aveni, 1988; Nohria & Gulati, 1996; Tan & Peng, 2003; Greve, 2003; Tan, 2003），因此，有必要在探讨企业知识搜索策略选择的前因时，打开组织冗余的黑箱。此外，对于吸收能力作为知识搜索策略选择的前因而发挥的作用，交易成本理论和资源观基于不同的出发点——成本与资源，给出了不同的论调（Guo & Wang, 2014），因此，也需要对吸收能力作为知识搜索前因的作用进行检验，以验证哪一个理论视角在这个问题上更加具有解释力。

在组织二元性，包括知识搜索二元性的研究中，大多数都还是集中于对其绩效作用的探讨。而且，组织二元性是否能够带来企业绩效的提升，依然存在争议和局限。多数研究认为，能够开展包括知识搜索二元性在内的组织二元性活动的企业，往往具备了更强大的实力去协调这一过程中出现的相互冲突、相互竞争的需求，或是能够享受到多种战略行为带来的能力与资源的提升，因此，它们会表现出更好的绩效水平（Katila & Ahuja, 2002; He & Wong, 2004; Cao et al., 2009; Cao & Simsek, 2010）。但是，也有研究结果表明，组织二元性对绩效的正向作用并没有得到验证，相反，在不同的时段中交替开展一元性活动，反而会带来更高的绩效水平（Venkatraman et al.，2007）。

不论是企业知识搜索的前因还是绩效研究，都有研究涉及环境因素在其中发挥的调节作用，尤其是环境动态性与环境敌对性。外部环境对企业的作用是复杂而权变的，不可一概而论，应该具体问题具体分析。在知识搜索策略选择的过程中，不同水平的环境动态性与敌对性，会让企业做出不同的战略选择（Pisano，1990；Guo & Wang，2014；Wang & Li，2008；Roberson & Gatignon，1998；Drechsler & Natter，2012；Cho & Yu，2000；吴晓波等，2008）。此外，在企业战略决策实施的过程中，环境因素也会对不同策略的具体实施效果产生不同的影响（Jansen，Van den Bosch & Volberda，2006；Raisch & Hotz，2010；Cruz-Gonzalez et al.，2015），而这种影响既有线性的（Tan & Litschert，1994），也有非线性的（Schilke，2014）。因此，需要更多的研究对不同环境因素水平下企业的战略决策与战略效果进行分析。

总的来说，区分并重视在以往研究中被混淆的本地搜索与远程搜索，并用组织二元性的研究范式对其在不同情境下的前因、绩效开展研究，是具有重要的理论意义的。本书对企业本地—远程知识搜索二元性的形成条件与绩效影响机制进行探讨，并用环境动态性与环境敌对性来刻画具体的情境，对于企业知识搜索二元性、组织二元性的研究有重要的理论贡献。

1.2 研究问题

1.2.1 研究对象

本书关注的是企业外部知识搜索策略（以本地—远程搜索的二元性进行刻画）选择的影响因素以及不同的搜索策略对创新绩效的影响机制，属于企业层面的研究。本书选取的研究对象为在美国上市并申请专利的制造业企业。选择该对象的原因是：

（1）技术创新与知识管理领域采用专利信息进行研究已经有50年的历史了（Scherer，1965；Schmookler，1966；Hall，Jaffe & Trajtenberg，2001）。美国的专利授予具有长期、持续的特点[①]，可以提供连续、系统、大量的信息。

（2）本研究领域对制造业企业的关注已有很长的时间（Cohen & Levinthal，1989，1990；Laursen & Salter，2006；Ahuja，2000；Rothaermel & Alexandre，2009；Yamakawa，Yang & Lin，2011；Wang & Li，2008；Kim & Park，2013；Dutta & Weiss，1997；Rosenkopf & Nekar，2001），制造业因其本身的属性而具有良好的研究价值。首先，制造业企业数量庞大，覆盖范围广，能够提供足够的样本容量供研究。其次，制造业中不全是技术密集型企业，除了制药行业、电子设备行业等高科技行业外，还包括了如服饰制造业等技术含量较低的行业，它们专利活动差异大、科技含量不一，以制造业为研究样本，既能帮助研究者找出制造业企业在知识搜索和专利行为上的共性，又能够供研究者观察企业间的差异（Wang & Li，2008）。

（3）美国、欧洲、日本这三边专利局通常被认为拥有总体上最高质量的专利群，尤其是美国。2012年，中国的三边专利获批数量仅为美国和日本的十分之一。尽管中国在专利申请总数上领先于其他国家，然而这其中三边专利的申请比例却并不高，大部分的专利申请都仅局限在国内，既错过了接触更多优质资源的机会，又不利于提高自己的国际影响力和竞争力。而欧美、日本的企业却积极地参与到了这场创新的全球化高质量竞争中，广泛地搜索、申请三边专利。它们在这个过程中体现出的知识搜索行为与战略非常值得中国企业学习与借鉴。

① 美国最早的专利授予始于18世纪，现代意义上的专利系统可以追溯到19世纪70年代（Hall et al.，2001）。

1.2.2 重要概念界定

本书涉及的重要概念的界定表述如下：

本地搜索（local search）与远程搜索（distant search）。基于尼尔森和温特（Nelson & Winter，1982）以及玛驰和西蒙（March & Simon，1958）提出的概念，学者们对企业的知识搜索行为根据搜索范围划分为本地搜索与远程搜索（Stuart & Podolny，1996；Martin & Mitchell，1998；Helfat，1994）。然而，不同学者对于这个“范围”的边界有着不同的界定。目前的研究中比较常见的是从组织边界（Rosenkopf & Nerkar，2001；Afuah & Tucci，2012；Kim & Park，2013）、技术边界（Rosenkopf & Almeida，2003；Kim & Park，2013）、地理边界（Rosenkopf & Almeida，2003；Jaffe et al.，1993；Almeida & Kogut，1997）、制度边界（Kriauciunas & Kale，2006）对本地搜索和远程搜索进行区分与刻画。由于数据可得性的原因，笔者选择从技术边界和组织边界区分本地搜索与远程搜索。

一元性（singularity）与二元性（ambidexterity）搜索策略。越来越多的企业意识到，随着市场竞争加剧、环境变化迅速、消费者习惯多变，单纯地执行某项单一的搜索战略的做法受到了挑战。而随着越来越多的企业开始同时执行看似矛盾对立的组织活动，关于组织二元性的讨论在学术界兴起。组织二元性是指企业同时执行不同甚至相互竞争的活动的战略行为（Duncan，1976；Tushman & O'Reilly，1996；刘洋等，2011）。在组织二元性的视角中，相互竞争的战略行为不再只能进行无奈的“取舍”，而是可以在一定条件下同时进行的（Cao et al.，2009；He & Wong，2004）。随着组织二元性研究范式在管理学领域的广泛采纳，知识搜索领域也出现了二元性视角的研究（Katila & Ahuja，2002；Russo & Vurro，2010）。本书将在一段时期中仅采用一种搜索策略的行为（仅采取本地搜索或远程搜索）定义为一元性搜索策略，而在这段时期中同时采取本地搜索和远程搜索的行为则被定义为二元性搜索策略。

吸收能力（absorptive capacity）。吸收能力是指企业对知识的获取、吸纳、转化、利用的能力（Zahra & George，2002），是一种综合的、动态的能力。这种能力在企业的知识搜索过程中尤为重要，因为企业对知识来源的识别、整合与利用贯穿了知识搜索的整个过程（Katila & Ahuja，2002；Nelson & Winter，1982；Guo & Wang，2014）。

组织冗余（organizational slack）。目前采纳最为广泛的组织冗余定义来自于布尔乔亚（Bourgeois，1981），认为组织冗余是一种实际存在或潜在的过量资源，能够为企业成功适应内部政策变革和外部环境变化提供一定的缓冲。按照冗余资源是否被组织生产过程所吸收这一标准，组织冗余又可以分为三类：①已吸收冗余，或可恢复冗余，已经被吸纳到组织生产要素和过程中，只有通过特定的活动才能够被释放，不容易进行重新配置（Williamson，1975；Tan，2003），包括各种管理费用、存货资金、生产设备等（Greve，2003；Tan & Peng，2003；Huang & Chen，2010）；②未吸收冗余，也称可利用冗余，尚且处于闲置状态，还未被投入到组织生产过程中，容易被识别并利用（Tan，2003；Herold，Jayaraman & Narayanaswamy，2006），包括现金、可交易证券、折旧费用、留存收益等（Tan & Peng，2003；Greve，2003；Huang & Chen，2010）；③潜在冗余，在未来能够产生作用的冗余资源（Bourgeois & Singh，1983；Greve，2003），一般采用企业的偿债能力进行衡量（Greve，2003；Wiseman & Catanach，1997）。

环境动态性（environmental dynamism）。也称作环境不确定性（Luo，2003；Fleming，2001），可分为技术动态性与市场动态性。技术动态性刻画的是环境中技术变化的速率和不可预测性（Jaworski & Kohli，1993；Lichtenthaler，2009）；市场动态性描述的是市场需求与偏好在数量、速率、可预测性方面的变化（Akgün et al.，2007；Tsai & Huang，2008）。

环境敌对性（environmental rivalry）。这是从环境中资源的可得性（March & Simon，1958；Child，1972）和企业间的竞争性（Mintzberg，1979）角度对环境的刻画（Sharfman & Dean，1991）。它通常被定义为企业从环境中获取的用于企业发展和销售增长的资源的困难程度（Aragón-Correa & Sharma，2003；

Dess & Beard, 1984; Miller & Friesen, 1983; Starbuck, 1976)。

创新绩效（innovation performance）。本书延续技术创新与知识管理领域以往研究的做法，对创新绩效的概念界定为技术创新活动的成就，包括创新影响力（Fleming, 2001; Rosenkopf & Nerkar, 2001; Kim & Park, 2013）与创新产出（Ahuja & Katila, 2001; Kondo, 1999; Penner-Hahn & Shaver, 2005），分别对应专利他引频次与获批的专利数量。

1.2.3 研究问题的表述

本书围绕上述的研究背景，提出一个总问题：在技术创新蓬勃发展的今天，在不同的产业环境下，制造业企业是如何使用知识搜索策略，并从不同的知识源获取技术知识来支撑企业的技术创新活动的？为了回答这个问题，笔者一是探究了企业知识搜索一元性与二元性倾向的前因，二是探究了企业不同的知识搜索活动对创新绩效的影响。本书具体的研究问题表述如下：

问题一：在不同的产业环境下，企业吸收能力的强弱程度是如何影响企业知识搜索策略的选择的？吸收能力更强的企业更倾向于采取一元性搜索策略还是二元性搜索策略？环境动态性和环境敌对性是如何调节吸收能力与知识搜索策略选择的关系的？对该研究问题的检验与回答，有助于解释吸收能力如何影响企业知识搜索策略选择。

问题二：在不同的产业环境下，企业冗余资源的丰富程度是如何影响企业知识搜索策略的选择的？组织冗余资源更多的企业更倾向于采取一元性搜索策略还是二元性搜索策略？环境动态性和环境敌对性是如何调节冗余资源与知识搜索策略选择的关系的？除了要探究冗余资源作为一个整体时对企业知识搜索策略选择的影响，笔者还进一步打开组织冗余这个黑箱，区分了已吸收冗余、未吸收冗余、潜在冗余，并进一步探讨三种不同冗余在企业开展知识搜索的过程中发挥的作用。

问题三：不同的知识搜索策略选择（一元性 VS 二元性）对企业创新绩效

的影响有什么差异？企业创新过程中的知识搜索是创新绩效的重要影响因素（Leiponen & Helfat，2010；Dosi，1988；Daft et al.，1988；Nag & Gioia，2012），然而过往的研究仅仅是分开探讨一元性搜索策略或二元性搜索策略对绩效的影响（Katila & Ahuja，2002；He & Wong，2004；Cao et al.，2009），缺乏对两者的比较。因此，对这一研究问题的回答有助于进行两种搜索策略绩效作用的比较分析。

1.3　研究设计

1.3.1　研究方法

总的来说，本书的研究选题聚焦于在美国上市并申请专利的制造业企业在技术创新活动中的知识搜索战略与行为，剖析这些企业为何会采取特定的知识搜索策略，以及在知识搜索方面不同的资源配置最终对企业创新绩效产生的影响。同时，本书还探讨了企业自身因素（吸收能力、组织冗余、以企业规模为表征的所占资源）和外在环境在其中的作用，既肯定了吸收能力、组织冗余、所占有的资源在企业创新搜索过程中的优势和环境因素的刺激作用，又揭示了一些企业受困于能力、资源、环境带来的干扰，可能会改变知识搜索的倾向或者削弱知识搜索对创新绩效的提升作用。

为完成本书的研究工作，笔者采用了三种研究方法：

一是文献研究法。本书中的研究问题与理论假设的提出均建立在中英文文献阅读、归纳、分析的基础上。文献的来源是浙江大学图书馆西文期刊导航数据库、中文期刊与学位论文数据库，包括 EBSCO、Web of Science、Wiley、JSTOR、lsevier、维普期刊、CNKI 中国知网等中英文学术资源。笔者首先是通过系统地整理、归纳、分析现有文献，梳理本领域的研究发展与脉络，发现现有研究的不足或分歧，找到本书试图解决的问题。其次，笔者根据研究问题提出相应的理论假设，引用相关文献进行推理，并为变量的构造提供理论依据。最后，引用相关文献归纳本书的理论贡献和现实意义。

二是二手数据。本书的实证数据来源于多个高质量的二手数据库，包括 NBER 专利数据库，Compustat 上市公司财务数据库，美国经济普查局关于制造业行业的普查数据报告。这些二手数据因其丰富翔实、权威客观而受到大量学者们的青睐，被广泛地应用于经济与管理领域的研究。本书采用与以往相关研究一致的数据来源，建立了规范的研究流程，同时也能与相关过往研究进行对话。因第 3 ~5 章在研究问题上的差异，笔者对研究样本也进行了相应的调整。第 3 章和第 4 章为关于知识搜索二元性倾向的前因研究，采用了 1997 ~2000 年包含 1 280 个企业共 3 965 个观测值的研究样本；第 5 章是关于知识搜索二元性的绩效研究，采用了 1997 ~2000 年包含 1 274 个企业共 3 953 个观测值的样本。

三是统计分析。在对原始数据进行收集、整理、合并、清洗并得到本书的研究所需要的数据集后，笔者采用 Stata 12. 1 进行了多种方法的统计分析，包括描述性统计、相关性分析、逻辑回归、Hausman 检验、负二项回归、普通最小二乘回归。第 3 章和第 4 章由于是二值选择模型，因此笔者在 Stata 12. 1 中采用逻辑回归，探究企业不同的内部因素与外部环境对其知识搜索二元性倾向的影响。第 5 章为计数模型，笔者使用 STATA12. 1 对其进行负二项回归分析，并通过 Hausman 检验来确定究竟是采用随机效应还是固定效应，检验企业的二元性搜索倾向对创新绩效的影响。此外，第 5 章的稳健性检验因采用了线性面板模型而使用普通最小二乘回归法来完成。

1. 3. 2 内容安排

本书共分为六章，各章节具体内容如下：

第 1 章是绪论，首先从现实背景和理论背景出发，结合现有文献的待完善之处和国内外技术创新的大背景提出了研究问题。其次，笔者介绍了本书的主要研究方法以及技术路线，并在最后突出了主要创新点。

第 2 章为文献综述，首先系统地回顾并比较了有关企业知识搜索议题的中英文文献。其次，笔者对企业知识搜索的分类进行综述，并发现现有文献多将本地—远程搜索与探索式—利用式搜索混淆使用。最后，笔者对组织二元性以及知识搜索的二元性视角展开综述，根据现有研究过度集中于探索与利用、探索式搜索与利用式搜索的现状，提出了加强对本地—远程搜索研究的需求，并对其前因和绩效研究展开了综述。

第 3 章是企业吸收能力与外部环境对知识搜索策略选择的影响机制研究。首先在已有研究的基础上，通过理论推导构建了一个包含企业吸收能力、知识搜索策略选择倾向以及外部环境动态性和敌对性的理论模型，并基于资源观与交易成本理论对于该问题相反的解释机制提出了竞争性假设。其次，本章识别了应该采用的数据类型，并详细介绍了研究样本和数据来源，并根据理论指导构造了相关变量。最后，笔者对该二值选择模型进行了逻辑回归的定量分析方法，对理论模型和假设进行检验，并对研究结果进行讨论。

第 4 章是企业冗余资源与外部环境对知识搜索策略选择的影响机制研究。本章的前半部分和第 3 章的内容安排相似，首先通过逻辑推演构建包含企业冗余资源、知识搜索策略选择倾向以及外部环境因素的理论模型，构造相关变量，再通过逻辑回归分析来检验假设和模型。其次，笔者进一步开展拓展研究，在该研究基础上将冗余资源区分为三类，即已吸收冗余、未吸收冗余、潜在冗余，并分别检验它们在企业知识搜索策略选择中的作用。最后，对研究结果进行讨论和分析。

第 5 章是企业知识搜索策略选择对创新绩效的影响机制研究。首先是在现有理论基础上通过逻辑推导构建理论模型，在知识搜索策略选择和企业创新绩效的关系中引入企业内外部因素的调节作用，并提出相关的理论假设。其次，笔者通过数据整理与清洗、变量构造，形成适用于本书研究内容的数据集。再次，采用负二项回归对该计数模型进行定量研究分析，并在该过程中通过 Hausman 检验确定了应采用固定效应。在稳健性检验中，笔者用新的方法构造被解释变量——创新绩效，并根据该变量的线性特征采取了普通最小二乘法进行回归分析。最后，对研究结果展开分析和讨论。

第6章为研究结论与未来展望。一方面，笔者对本书的研究结论进行理论高度的概括和总结，并进一步阐释本书研究内容的实际意义和理论贡献，同时总结研究结论对制造业企业产生的指导意义；另一方面，笔者还总结了本书的不足和局限，指出在未来的研究中还需要改进的地方，并同时对未来可开展的研究提出建议。

为了更为直观地展示本书的内容安排，笔者作内容结构安排示意图如下（见图1－1）：

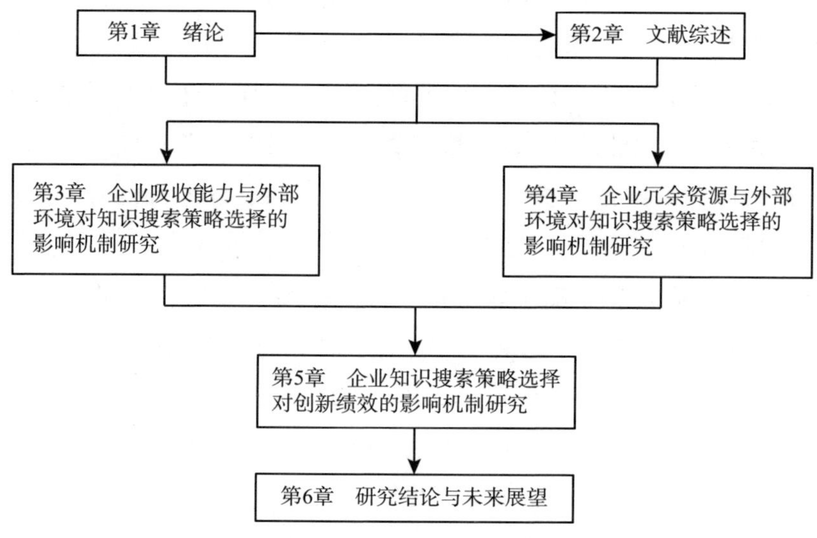

图1－1　本书内容结构安排

1.3.3　技术路线图

如图1－2所示。

现实背景
➢ 创新对经济增长的作用巨大
➢ 开放式创新
➢ 跨技术领域搜索
➢ 创新活动高涨带来专利保护的需求
理论背景
➢ 知识搜索的研究现状与分类
➢ 本地—远程搜索与二元性研究范式
➢ 前因与绩效研究的不足
➢ 环境因素的权变角色
研究问题
➢ 企业在何种情况下会倾向于采取二元性知识搜索策略?
➢ 二元性知识搜索策略提高创新绩效的前提条件是什么?
➢ 文献梳理
➢ 规范分析
文献综述
➢ 知识搜索研究概况与中英文文献分析
➢ 企业知识搜索的内涵与分类
➢ 知识搜索的二元性视角
➢ 知识搜索的前因与绩效研究
吸收能力在外部环境作用下对企业知识搜索策略选择的影响机制研究
冗余资源在外部环境作用下对企业知识搜索策略选择的影响机制研究
➢ 二手数据
➢ 变量测度
➢ 逻辑回归
➢ 二手数据
➢ 变量测度
➢ 逻辑回归
➢ 拓展研究
➢ 二手数据
➢ 变量测度
➢ 负二项回归
➢ 稳健性分析
知识搜索策略选择对创新绩效的影响机制研究
研究结论与未来展望

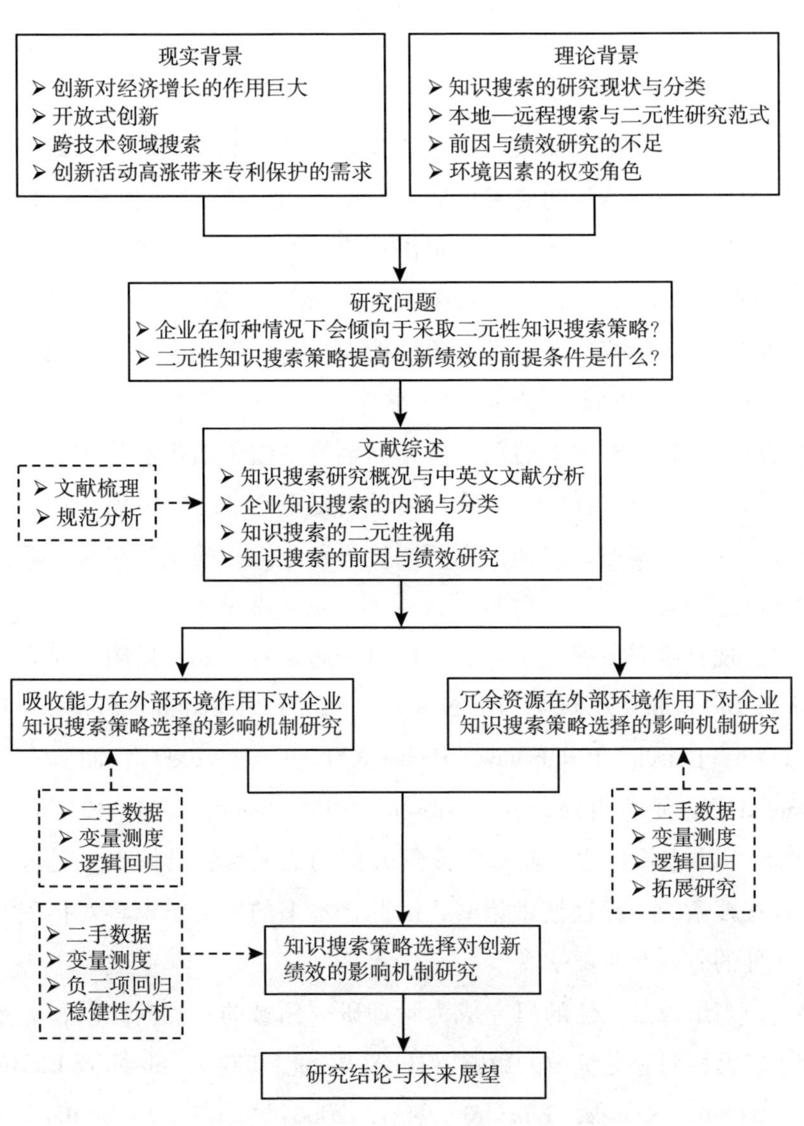

图1-2 技术路线图

1.4 主要创新点

本书基于现有文献和研究，通过构建理论模型和实证分析，研究了企业二元性知识搜索策略选择的前因和对创新绩效的影响。主要创新点如下：

第一，现有研究大多从单一的范围边界来探讨企业本地—远程知识搜索行为（Afuah & Tucci，2012；Rosenkopf & Almeida，2003；Jaffe et al.，1993；Almeida & Kogut，1997）或是采用两种搜索行为的划分标准进行四种类型的划分（Rosenkopf & Nekar，2001；Wu & Wei，2013；李强，2013），而缺乏两种边界范围的比较。本书中的每个研究问题均从组织边界和技术边界分别进行检验并做比较分析，有助于解释在何种情况下企业会采取何种边界上的一元性或二元性搜索策略，帮助识别不同边界范围上，搜索策略选择倾向和绩效作用的敏感因素。

第二，现有研究在探讨组织二元性时，通常将二元性局限于探索与利用（Gibson & Birkinshaw，2004；He & Wong，2004；Lubatkin，Simsek，Ling & Veiga，2006；Raisch，Birkinshaw，Probst & Tushman，2009），而鲜有学者关注其他的组织二元性表现形式（Gibson & Birkinshaw，2004；Ebben & Johnson，2005）。本书聚焦于企业知识搜索方面的二元性，具体来说是兼有本地搜索和远程搜索的二元性搜索策略，因此，本书的研究结论将对拓展与充实组织二元性的研究有所贡献。

第三，当组织二元性的研究成为管理研究领域的热点问题时，大量的研究探索了二元性对企业绩效的影响（He & Wong，2004；Gibson & Birkinshaw，2004；Lubatkin，Simsek，Ling & Veiga，2006；Morgan & Berthon，2008；Raisch，Birkinshaw，Probst & Tushman，2009），而直接对二元性的驱动因素开展的研究较少（Chang & Hughes，2012）。本书中的第3章和第4章内容便是关于知识搜索策略选择的前因研究，通过探究哪些企业内部因素和外部环境因素会让企业倾向于选择二元性搜索策略，能够一定程度上为组织二元性的前因研究做出理论贡献。

第四，尽管有大量的研究聚焦于组织二元性对企业绩效的影响，但不可否认的是，这些研究尚存在争议和局限（Vankatraman ，Lee & Iyer，2007；Raisch & Birkinshaw，2008），因此，对二元性的绩效影响研究显得很有必要。本书通过二手数据的分析，验证了知识搜索二元性对企业创新绩效的积极影响，为持“组织二元性对企业绩效有正向影响”观点的流派提供了更多有力的实证依据。

第 2 章

文献综述

本章由六个小节组成。2.1 节，对 1998 年以来有关知识搜索主题的中英文文献进行了分析、对比，由此归纳该领域的研究趋势。2.2 节梳理并归纳了目前学术界主流的知识搜索行为策略分类方法及其内涵，并区分了常被混用的本地—远程搜索与探索—利用、探索式—利用式搜索这两组概念。2.3 节对目前流行的组织二元性研究范式在组织学习、知识搜索领域的应用进行了综述。2.4 节和 2.5 节分别梳理了文献中关于知识搜索的驱动因素和绩效作用的研究，并归纳出了现有文献中存在的分歧与局限。最后，2.6 节对本领域现有文献进行发展脉络的述评，指出过往研究的不足之处和值得深入研究的问题。

2.1 企业知识搜索的研究概况

笔者运用美国科学情报研究所（ISI）的 *Web of Science*（科学网）中社会科学数据库（SSCI）的搜索功能，对本领域主要期刊发表的以知识搜索为主题的英文文献进行了整理和归纳。该 SSCI 数据库最早可回溯至 1998 年，因此，笔者仅对 1998 年以来的文献进行检索、统计与分析（检索时间为 2016 年 1 月 26 日）。其中，着重分析这批文献的分布状况、研究问题、研究方法。

除了英文文献之外，笔者还以维普期刊数据库收录的期刊为例，搜集并分析了其中以"知识搜寻"或"创新搜寻"为主题的代表性研究。最后，笔者对中英文文献的研究情况进行了比较分析。

2.1.1 文献筛选

虽然研究企业知识搜索的研究有很多，但是这些研究的聚焦点过于分散，既有从前因（Guo, Wang, Xie & Shou, 2015）、绩效（Martin & Mitchell, 1998; Singh, 2008）、情境（Chen & Miller, 2007; Cruz-González et al., 2015）等不同角度进行的研究，又不乏从资源观（Kriauciunas & Kale, 2006; Macher, 2006）、能力观（Zhou & Wu, 2010）、制度理论（Greve & Taylor, 2000; Giarratana & Mariani, 2014）、交易成本理论（Bayona, Garcia-Marco & Huerta, 2001; Guo & Wang, 2014）、行为理论（Chen & Miller, 2007; Knudsen & Levinthal, 2007）等理论视角切入的研究，因此相关论文在学术刊物上的分布也很分散，而这恰恰也是技术创新领域内研究的一直存在的问题（陈晓玲，2013）。不同于战略管理领域，创新领域缺乏明确的研究共同体，因此，识别创新领域的主要贡献者非常困难（Fagerberg, Fosaas & Sapprasert, 2012）。

为了能够尽可能地涵盖到本领域的主要研究，笔者对美国科学情报研究所的 *Web of Science* 文献检索数据库下的社会科学 SSCI 子数据库以限定主题和期刊名称的方式进行了检索。*Web of Science* 数据库是权威的学术期刊检索数据库，它收录了自然科学、社会科学、人文与艺术、工程技术以及生物医学等领域超过一万本的高影响力学术期刊，是用于文献检索和筛选的良好工具。由于 SSCI 子数据库的收录记录始于 1998 年，因此，笔者仅对 1998 年以来的文献进行搜集和分析，检索时间为 2016 年 1 月 26 日。

笔者采用的检索口令为：TS =（knowledge search OR innovation search）AND SO =（Academy of Management Journal OR Academy of Management Review OR Administrative Science Quarterly OR Research Policy OR Technovation OR Asian Journal of Technology Innovation OR International Journal of Technology Management OR Management Science OR Journal of Management OR Organization Science

OR Strategic Management Journal OR Asia Pacific Journal of Management OR R&D Management）AND 语种：（English）AND 文献类型：（Article）。具体来说，检索规则为：主题中包含"knowledge search"或者"innovation search"的关键词，文献所用语言为英文，文献为如上所列的十二种本领域主要英文期刊中的论文（剔除了会议论文、社论、书评形式的文献），学科限定为管理或商业（Management OR Business）。通过该轮检索，初步得到366篇文献。

正如前文所说，本领域的研究缺乏共同体，且研究问题与视角颇为分散，因此，以知识搜索或创新搜索（knowledge search OR innovation search）为主题进行搜索，会引入一些本书的研究范畴之外的文献（比如个体层面的知识与信息搜寻研究）。于是，笔者对这366篇文献进行了进一步的筛选，剔除了其中不属于"企业层面知识搜索行为与策略研究"这一范畴的文献。最后保留的文献同时符合以下几点要求：①研究层面为企业层面。一些从个体、团队、战略事业部、科研机构等层面出发的研究被剔除。②知识搜索行为与策略。有些研究仅仅关注知识溢出与转移、创新行为而非知识搜索本身，或是企业搜索的对象是市场而非知识，等等，这类文献也被剔除。③研究领域为技术创新。依据这一条件，一些来自于市场营销、旅游管理、管理信息系统等领域的文献被删除。④企业类型为制造业企业。有些研究的对象虽然是企业，但是不属于制造业（比如传播行业等），因此，也需要剔除。

文献的筛选过程由两名研究人员共同完成。两人首先在没有进行互相交流的情况下，分别独立浏览这366篇文献的题目、关键词、摘要等信息，必要时会进行全文通读，剔除不符合本书研究主题的论文。其次，两人对筛选结果进行对比，找出不一致的记录，再次进行全文阅读，并最终确定文献列表。最后，笔者得到属于"制造业企业知识搜索行为与策略研究"这一研究范畴的文献共132篇。

2.1.2 文献分布

从图2-1可以看出，虽然1998年以来，每年发表的有关企业知识搜索主题的论文数量参差不齐，出现了波动，但总体上还是呈现出了增长的趋势。2015 年的论文数量不多是因为检索日期为 2016 年初，*Web of Science* 数据库收录存在滞后问题。

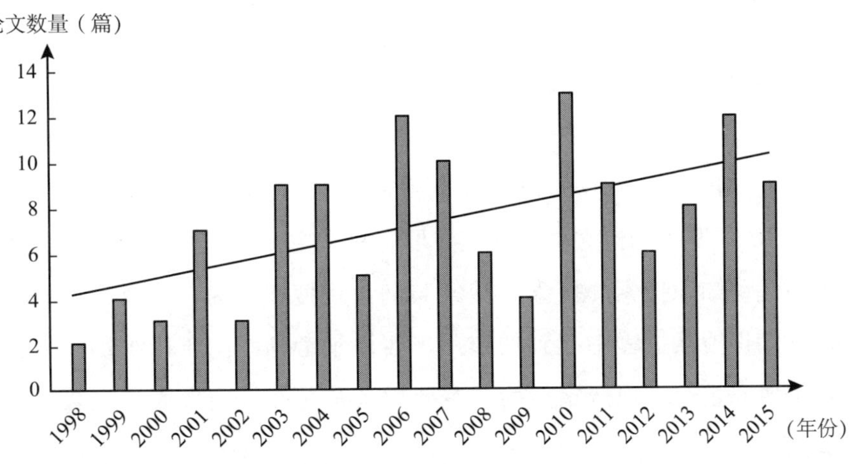

图 2－1　企业知识搜索相关论文分布

笔者统计了本领域主要期刊中发表的有关企业知识搜索论文的篇数，并列出排名前十位的期刊列表。可见，这些关于企业知识搜索的论文主要发表于 *Research Policy*、*Strategic Management Journal*、*Organization Science*、*Management Science*、*Academy of Management Journal* 等期刊。具体内容请见表 2－1。

表 2－1　企业知识搜索论文的主要发表刊物

期刊名称	篇数
Research Policy(《研究政策》)	26
Strategic Management Journal(《战略管理杂志》)	23
Organization Science(《组织科学》)	18
Management Science(《管理科学》)	18
Academy of Management Journal(《管理学会杂志》)	16
International Journal of Technology Management(《国际技术管理杂志》)	9
Administrative Science Quarterly(《管理科学季刊》)	7

续表

期刊名称	篇数
Technovation(《技术创新》)	5
Asian Journal of Technology Innovation(《亚洲技术创新杂志》)	3
Journal of Management(《管理杂志》)	2

注：1998～2015 年的数据，仅报告排名前 10 位的期刊。

在企业知识搜索领域的研究中，罗森科夫和西格尔考（Rosenkopf L. & Siggelkow N.）发表的论文数量最多。罗森科夫主要研究制造业企业的本地知识搜索与远程知识搜索、探索式搜索与利用式搜索行为，以及战略联盟和人员流动在知识搜索过程中起到的作用。西格尔考则倾向于用组织二元性的研究范式来研究企业知识搜索行为。主要学者及其领域内发表论文篇数统计可见表 2－2。

表 2－2　企业知识搜索领域的主要学者

作者姓名	篇数
罗森科夫（Rosenkopf, L.）	4
西格尔考（Siggelkow, N.）	4
阿尔梅达（Almeida, P.）	3
陈（Chen, W. R.）	3
弗莱明（Fleming, L.）	3
卡蒂拉（Katila, R.）	3
劳尔森（Laursen, K.）	3
利文索尔（Levinthal, D.）	3
尼卡尔（Nerkar, A.）	3
里夫金（Rivkin, J. W.）	3
萨特（Salter, A.）	3

注：1998～2015 年的数据，少于 3 篇的未报告。

2.1.3　研究主题与研究方法

有学者提出，文献分析应该结合研究策略分类和研究内容分类来进行（Jourdan, Rainer & Marshall, 2008），并且这一方法在以往的文献研究中也有所应用（陈晓玲，2013）。按照这一方法，笔者对上文提到的 132 篇关于企业知识搜索的文献进行了分析。一些具有代表性的研究在表 2 - 3 中按照研究对象、研究主题和研究方法进行了汇总。

表 2 - 3　企业知识搜索领域中的代表性英文文献

研究者	国家	行业	搜索类型	研究主题	研究方法
冈萨雷斯等（Cruz-González et al., 2015）	西班牙	高科技制造业	开放式搜索宽度与深度	开放式搜索和企业绩效的关系，以及技术环境动态性的调节作用	企业问卷数据实证
劳尔森和萨特（Laursen & Salter, 2014）	英国	制造业	外部搜索宽度	开放性战略带来的独占性保护与外部知识搜索需求的冲突	企业问卷数据实证
金等（Kim et al., 2013）	美国	制造业	本地搜索与远程搜索	当采取合适的技术知识搜索战略时，多元化的企业战略会带来更高的创新产出	企业专利数据实证
纳格和吉奥尼亚（Nag & Gioia, 2012）	美国	制造业	未限定	通过建立一个模型来明确高管团队对知识资源的认知、执行者如何搜索知识并对知识进行运用这几个要素之间的关系来研究知识是如何成为战略资源的	质性分析
方、李和先令（Fang, Lee & Schilling, 2010）	未限定	制造业	探索式搜索与利用式搜索	企业如何通过组织设计来达到探索与利用的平衡并最终获得最优的绩效	建模仿真
莱波宁和赫尔法特（Leiponen & Helfat, 2010）	芬兰	制造业	宽度搜索	企业的知识搜索宽度对创新绩效有良好的作用	企业问卷数据实证
辛格（Singh, 2008）	未限定	制造业	跨地理边界的本地搜索与远程搜索	知识搜索（研发）行为的地理分散性对创新绩效的影响	企业专利数据实证

续表

研究者	国家	行业	搜索类型	研究主题	研究方法
陈和米勒（Chen & Miller，2007）	美国	制造业	研发搜索	影响研发搜索强度的情境与制度因素的研究	企业二手财务数据实证
克里奥希纳斯和卡勒（Kriauciunas & Kale，2006）	立陶宛	未限定	跨制度、文化边界的本地搜索与远程搜索	过去的社会制度和计划经济烙印会对企业运营知识的转变带来负面影响，而开展远程搜索的企业则可以很好地调整现有知识基础以应对市场经济	企业问卷数据实证
阿格尔斯和希尔弗曼（Argyres & Silverman，2004）	美国	制造业	宽度搜索	研发活动的中心化与否对创新绩效和搜索宽度的影响	企业二手数据实证
弗莱明和索伦森（Fleming & Sorenson，2004）	美国	制造业	探索式搜索与利用式搜索	科学研究为企业的技术知识搜索提供了有力的指导，并加速了技术发展	企业专利数据实证
劳尔森和萨特（Laursen & Salter，2004）	英国	制造业	开放式搜索	哪些因素会让企业的知识搜索行为更依赖大学	企业问卷数据实证
阿尔梅达、多科和罗森科夫（Almeida，Dokko & Rosenkopf，2003）	未限定	半导体制造行业	外部搜索	初创企业的企业规模会通过影响其正式或非正式机制的选择而对其外部学习的程度有影响	企业专利数据实证
谢和吴（Xie & Wu，2003）	中国	彩电制造行业	未限定	以中国两大彩电生产企业为例分析它们的知识搜索、技术学习过程与当年的“亚洲四小龙”的不同	案例分析
卡蒂拉和阿胡加（Katila & Ahuja，2002）	欧美、日本	机器人制造行业	深度搜索与宽度搜索	企业知识搜索宽度和深度与创新绩效呈倒 U 形关系，且二者的交互对创新绩效有正向影响	企业专利数据实证
罗森科夫和尼卡尔（Rosenkopf & Nerkar，2001）	欧美日韩	光盘制造行业	本地搜索与远程搜索	以组织边界和技术边界为双重划分标准进行区分的四种知识搜索行为对创新影响力的作用	企业专利数据实证
弗莱明（2001）	美国	制造业	本地搜索与远程搜索	企业的知识搜索行为会影响发明的有用性并产生技术不确定性	企业专利数据实证
申卡尔和李（Shenkar & Li，1999）	中国	制造业	探索式搜索与利用式搜索	探究企业的知识搜索究竟是在已有知识基础的熟悉领域中开展还是在未知领域中开展	企业问卷数据实证

续表

研究者	国家	行业	搜索类型	研究主题	研究方法
马丁和米歇尔(Martin & Mitchell,1998)	美国	核磁共振造影设备制造行业	本地搜索	本地搜索和绩效启发对新产品市场中新设计的引入的影响	企业客观数据实证

通过对代表性研究按照时间顺序排列，可以发现虽然各个研究关注的搜索类型不完全相同，但是很多研究都开始用二元性的视角来关注知识搜索，比如同时研究宽度搜索和深度搜索、本地搜索和远程搜索、探索式搜索与利用式搜索等。样本的来源主要集中在欧美日韩这样的发达国家，其中尤以美国居多，但是也不乏像中国这样的新兴经济体。

从研究方法来看，本领域的研究方法比较多元，既有案例分析、访谈这样的质性分析方法（Xie & Wu，2003；Nag & Gioia，2012），也有问卷数据实证、二手数据实证这样的定量分析方法（Fleming & Sorenson，2004；Argyres & Silverman，2004；Cruz – González et al. ，2015），还有少量研究采纳了仿真建模的方法（Fang，Lee & Schilling，2010）。但是通过文献梳理还是可以发现，采用二手数据进行实证研究的文献居多。

现有的研究大部分都是在特定的国家或地区，通过对特定产业进行分析，来探究企业的知识搜索行为与创新绩效的关系，毕竟公司利益最大化是企业管理中的一项重要职责。而通过文献梳理不难发现，也有一些研究关注的是企业知识搜索行为的驱动因素。比如陈和米勒（Chen & Miller，2007）通过对美国制造业企业的财务数据分析，发现企业以往绩效与期望的差距、是否接近破产、组织冗余、环境敌对性等情境和制度因素对企业的研发搜索强度有影响。劳尔森和萨特（2004）则通过问卷数据调查分析发现，年轻、采取开放性战略、研发投入占比更多的企业会更加倾向于在知识搜索过程中以高校科研成果为知识来源，而企业规模则会影响企业在知识搜索过程中以高校科研成果为知识来源的能力。也有少量研究将企业知识搜索作为一个特定的情境，认为在采取了合适的知识搜索战略后，多元化的企业战略才会带来更高的创新绩效（Kim et al. ，2013）。

2.1.4 中文文献的研究情况

笔者以维普期刊数据库收录的期刊为例，将学科限定为管理学和经济学，并以“知识搜寻”或“创新搜寻”为主题对中文核心期刊论文进行检索，并对相关的代表性研究进行了汇总。早期的研究采用的方法多为理论归纳，后来逐渐出现问卷调查的实证方法，近年来则逐渐出现少量采用专利数据、仿真建模开展的研究。研究主题方面，早期研究主要集中于关注创新搜索模式本身，而近年来的研究则开始以组织二元性视角、边界拓展的跨界搜索视角来探讨企业知识搜索的前因、绩效与情境（见表2－4）。

表2－4　企业知识搜索领域中的代表性中文文献

研究者	研究对象	研究主题
裴旭东、李随成、黄聿舟（2015）	中国制造业企业	跨界搜索、技术知识获取、技术复杂性、内部技术知识传播之间的作用
杨雪、顾新、王元地（2015）	中国企业	中国企业在多维技术空间中的外部知识搜索平衡性研究
刘力钢、孟伟（2015）	一般企业	基于资源观并结合开放式创新理论，认为组织冗余能够提升企业的突破式创新，且跨界搜索在其中起中介作用
缪根红、陈万明、唐朝永（2014）	航空企业与钢铁企业	企业外部知识搜索宽度与深度对绩效的影响，以及知识整合的中介作用
陈力田、许庆瑞、吴志岩（2014）	一般企业	构建了从知识搜索到知识创造的系统动力学模型，通过量化战略构想、创新搜索以及技术创新能力之间的关系，发现了技术创新能力的演化路径和跃迁途径
王雷、姚洪心（2014）	绍兴纺织业集群企业	企业知识搜索在全球价值链嵌入和集群企业创新之间的中介作用
洪茹燕（2012）	中国汽车制造企业	探究了在全球制造网络中，中国的汽车制造行业中的跨国合资企业和民营企业在关系嵌入和吸收能力协同效果上的差异对企业知识搜索与自主创新能力的影响
邬爱其、李生校（2012）	产业集群中的新创企业	以本地—远程搜索和深度—宽度搜索这两组分类将企业知识搜索行为划分为四类，并研究不同的搜索策略对产品创新的影响
夏石泉（2012）	建筑业企业	企业创新搜索的外部知识来源对创新绩效的作用
李生校（2011）	计算机、半导体、生物制药、新材料、化工行业企业	构建了基于内容—行为组合的、包括外部知识搜索宽度和深度的企业外部创新搜索战略模型

续表

研究者	研究对象	研究主题
陈君达、邬爱其（2011）	一般企业	对创新搜索的国外研究进行综述
马建峰（2011）	一般企业	对建立在企业组织结构与信息内容上的知识搜索模式和建立在信息本质特征与搜索方式上的模式的综合应用可以帮助企业通过知识管理建立和发展核心竞争力
李正卫（2010）	一般企业	企业需要根据知识来源的特征确定知识搜索的方向，并且需要做出合适的组织和制度设计
潘旭明（2007）	一般企业	探究跨组织学习和知识转移机制

2.1.5　中英文文献的对比分析

总的来说，除了理论归纳的文章外，中英文文献中关于企业知识搜索的研究都是以特定行业中的企业为研究对象，通过定性或定量的研究方法，探究知识搜索对企业绩效的作用，知识搜索的前因，以及相关的情境因素。并且中英文文献中都出现了以组织二元性研究范式、边界拓展视角、不同理论的对比分析等角度对企业知识搜索开展的研究。但是，中文文献中的实证研究都聚焦于本土企业的知识搜索，缺乏跨国或跨区域的研究，仅有少量跨行业的研究（李生校，2011）。而国际期刊的英文文献中的研究样本就比较多元化，不少学者的样本来源不仅仅是自己的所在国，更是出现了一些跨国、跨行业的研究。这种研究样本的选取有利于提高研究的外部效度，提高研究结论的普适性（陈晓玲，2013）。比如，罗森科夫和尼尔卡尔（Rosenkopf & Nerkar，2001）采用来自欧洲、美国、日本、韩国的大型光盘制造业企业为样本，以专利引文数据研究了跨越了组织边界和技术边界的知识搜索行为对企业总体和领域创新影响力的作用。卡蒂拉和阿胡加（2002）则放眼全球的机器人制造企业，并最终选取欧洲、美国、日本的企业为样本，提出了企业知识搜索宽度与深度的概念，并用专利数据验证了宽度搜索与深度搜索对企业绩效的倒 U 形关系。

从研究方法来看，中文文献的研究方法相对来说比较单一，大多数的研究还是采用理论归纳的方法，文献述评和理论性文章比较多见；后来随着企业知识搜索的本土研究逐渐深入，一部分学者开始采用问卷调查的方法进行实证分析；近两年来，虽然采用专利数据等二手数据以及仿真建模的研究也开始出现，但是数量极少，研究方法的多元化有待进一步提升。而英文论文的研究方法则更加多元，案例分析、问卷调查、二手数据、仿真建模的方法均有不少研究涉及。纳格和吉奥亚（Nag & Gioia，2012）通过访谈、内容分析等质性分析方法，构建了一个过程模型，明确了高管团队对知识资源的认知、执行者如何搜索知识并对知识进行运用这几个要素之间的关系，并以此来研究知识是如何成为战略资源的。方、李和先令（Fang，Lee & Schilling，2010）则通过仿真建模来探讨企业如何通过组织设计来达到探索式搜索与利用式搜索的二元平衡并最终获得最优的企业绩效。除了传统的问卷调查方法，专利数据、财务数据等二手数据研究手段更是因为可获得的样本数量多、时间空间跨度广而在英文文献中被广泛采纳。

从以上中英文文献的对比分析可以看出，中文文献因研究问题和视野局限在本土范围内，虽然有利于对本土知识搜索管理实践的深入分析与理解，但使得对研究方法的多样性的需求并不大。而研究方法较为单一，又反过来导致实证研究较少，研究样本较为局限。因为问卷调查具有时间空间的局限性，研究样本常常被限制在了本土或少量行业，且难以做到时间上的纵向比较，外部效度和普适性有待提高。理论归纳则缺乏必要的实证研究来进行验证。

2.2 知识搜索的内涵与分类

知识搜索是指企业为了学习新技术、开发新产品、创造新流程、寻求新市场而开展的信息和知识的搜寻活动（Sidhu et al.，2007）。知识搜索的系统性概念最早来自于西尔特和玛驰（1963）的著作《企业行为理论》。在这本书中，他们提出了“组织搜索”的概念，认为企业知识搜索行为能够帮助企业应对当前组织管理中出现的问题，并帮助企业适应外部环境的变化。在此之后，关于知识搜索的研究便兴起了。在半个多世纪的发展中，随着企业管理实践的深入发展和外部环境的不断变化，知识搜索也出现了多个不同的分类。这些分类标准从不同角度来划分和描述企业的知识搜索行为与策略，是对最初的组织搜索概念的深化与补充。

2.2.1　问题解决式搜索与冗余驱动式搜索

根据企业开展知识搜索策略的驱动因素的差异，知识搜索可被划分为问题解决式搜索（March & Simon, 1958; Cyert & March, 1963）与冗余驱动式搜索（Levinthal & March, 1981）。这一种分类方法也可以说是最早对企业知识搜索行为进行的划分。

在创新的过程中，企业会设定一系列的任务目标，用于指导决策。在完成目标的过程中，企业会面临各种各样急需解决的问题，而当企业现有的知识与能力无法产生所需的问题解决方案时，企业需要通过各种渠道去搜索可能有用的知识，来帮助企业解决目前的问题（Howells, James & Malik, 2003）。在这种情况下发生的企业知识搜索行为便是问题解决式搜索（problem - solving search），这是包含了技术知识的创造与重组的问题解决过程（Winter, 1984; Katila & Ahuja, 2002）。除了组织学习理论外（March, 1991），演化经济学也认为，知识搜索在一定程度上是问题解决的过程与活动（Nelson & Winter, 1982; Huber, 1991），是有一定的目标导向、路径依赖与决策规则的活动（Levitt & March, 1988）。

与问题解决式搜索相对的，便是冗余驱动式搜索（slack search）。这种搜索行为的产生并非受迫于形势的需要，而是源自于企业自身的冗余资源。冗余资源简单来说是企业暂时用不到而被闲置的资源（Nohria & Gulati, 1996），它能够保证企业在可承受范围内利用闲暇资源开展试验，也可称作冗余搜索（Levinthal & March, 1981）。冗余驱动式搜索可以帮助企业在这些试验中探索新的知识，积累新的经验，甚至研发新的产品，以便在未来能够成功配置到组织的生产过程中，哪怕这些试验项目在当前看来价值并不大（March，1976）。3M 公司的便利贴的问世，便是冗余搜索的成果（Mokyr，1990）。

2.2.2 深度搜索与宽度搜索

在早期的知识搜索研究都将搜索看作是一维连续体上的活动时，卡蒂拉和阿胡加（2002）通过对全球机器人制造行业的实证研究，首次提出了以搜索宽度（search breadth）和搜索深度（search depth）为划分依据的二维标准。宽度搜索关注的是企业在知识搜索的过程中对不同渠道的知识来源运用的广泛程度（Katila & Ahuja，2002；Leiponen & Helfat，2010）；而深度搜索则关注的是企业在知识搜索过程中对现有知识和渠道利用的深入程度（Katila & Ahuja，2002；Laursen & Salter，2006）。

卡蒂拉和阿胡加（2002）认为，在研究企业知识搜索的过程中，仅仅考虑单一维度（比如空间维度）是不够的，知识搜索的广度和深度都会对创新绩效产生非线性的影响。较为广泛的知识搜索通过增加新的差异化知识来丰富企业原有的知识储备，而这些知识可以为企业的问题解决过程提供足够的选择（March，1991），并给企业带来更多知识重组的可能性（Fleming & Sorenson，2001）。但是，过于广泛的知识搜索会增加知识搜索与整合的成本，同时也会带来更多的复杂性和不确定性，从而降低知识的可靠性（Grant，1996）。深入地利用现有知识渠道、开展深度搜索，可以减少失误的可能性，帮助企业惯例的形成，让知识搜索更加可靠（Levinthal & March，1981）；重复利用现有知识可以帮助企业加深对知识的理解，提高企业从中识别有用知识的能力；深度搜索带来的经验还可以被重复利用，让搜索行为更加的可以预见并得到保证。但是，过于深入地利用现有知识和渠道进行搜索，也会带来一些负面作用，比如核心僵化（Dosi，1988）与技术路径发展的局限（Argyris & Schon，1978）。

卡蒂拉和阿胡加（2002）具体研究的是企业的专利搜索行为，关注点在于企业的技术路径，在这之后，又有一批学者对深度与宽度搜索的研究进行了进一步的深化与发展。劳尔森和萨尔特（2006）在解释企业的开放性对创新绩效的作用时，关注的是企业的外部知识搜索渠道，识别了多种企业的外部知识来源渠道，比如高校、供应商、用户等。他们通过对英国制造业企业的问卷调查，证实了外部知识搜索宽度和深度对创新绩效有倒 U 形关系。此外，莱波宁和埃尔法（2010）对芬兰制造业企业进行的问卷实证研究则证实了搜索宽度对创新的促进作用。

2.2.3 探索式搜索与利用式搜索

在组织自适应过程的研究中，一个核心问题便是对新的可能性的探索和对旧有既定资源的利用（Schumpeter，1934；Holland，1975；Kuran，1988；March，1991）。探索所包含的组织实践包括搜索、变革、柔性、冒险、实验、发现、创新等，而利用则包含精炼、选择、生产、效率、执行等（March，1991）。在组织学习理论中，学者们认为利用是对现有技术的精炼与改进，而探索则是干脆发明一项新技术（Winter，1971；Levinthal & March，1981）。从探索与利用的早期定义和区分标准中不难看出，两者关注的是知识用途的区别。在探索的实践中，企业将精力投入到陌生的领域中，开展知识获取和问题解决的活动，以期获取以往不熟悉的知识，取得突破式的进展；在利用的实践中，企业则关注的是现有的或可获取的技术和知识，并将知识运用在熟悉的领域中开展活动，能够加快现有技能的提升速度。

自从玛驰（1991）在组织学习领域提出探索和利用的概念后，从事企业知识搜索研究的学者们便借鉴这一概念，将探索式搜索和利用式搜索的二分法引入了知识搜索的范畴内。这一引入具有其天然性与合理性，因为组织在探索和利用中做出的隐性选择一方面就体现在知识搜索的原则和实践中（Radner & Rothschild，1975；Hey，1982；March，1991）。在知识搜索的研究中，学者们将原本的探索和利用概念稍作调整，把利用式搜索定义为在熟悉的技术领域内开展的搜索或对以往使用过的技术知识组合的修正，探索式搜索则相反，被定义为搜索全新的技术知识或知识组合（Fleming，2001）。可以说，探索式搜索与利用式搜索的分类关注的是组织对获取的知识的熟悉程度，如果企业搜索的某项知识或若干项知识的组合是企业近期使用过的或频繁使用的，那么便是利用式搜索；反之则为探索式搜索（Fleming，2001；Katila & Ahuja，2002）。

利用式搜索具有其特殊的优势。不同于新古典主义经济学中较为苛刻的前提假设，组织行为理论认为有限理性在组织中普遍存在（March & Simon，1958）。由于认知上的局限，管理者们在利用知识搜索进行问题解决活动的过程中，往往采用满意原则而非最优原则（Simon，1955；Guo & Wang，2014）。在这些条件的制约下，组织在知识搜索的过程中会倾向于依赖以往的知识经验，在技术创新的过程中往往会采用熟悉的、可靠的、在以往活动中已经得到验证的技术知识，来规避创新过程中可能出现的风险并降低知识搜索的成本（Vincenti，1990）。但是，利用式搜索也具有其天然的缺陷。长期在熟悉的知识中进行搜索和使用，会失去发现更多新颖知识的可能性；并且，知识是一种稀缺资源，长期在同一知识集合中进行搜索会将这些资源消耗殆尽；此外，长期遵循满意原则，也会让企业一直处于次优的稳定均衡中，难以取得突破式的进展（March，1991；Fleming & Sorenson，2004）。此时，虽然探索式搜索会引发更多的不确定性（Fleming & Sorenson，2004）、给企业带来更高的搜索成本的同时却不一定能够带来对等的收益、给予企业大量获取后待开发但不一定有与众不同的竞争力的新知识（March，1991），但不可否认探索式搜索依然具有利用式搜索不具备的优势，两者具有一定的互补性。

在以探索式—利用式的视角来划分企业知识搜索方面的研究中，出现了一些具有代表性的文献。弗莱明（Fleming，2001）认为，不确定性的来源之一便是组织的知识搜索行为，而其探讨的便是探索式搜索与利用式搜索。他通过美国企业的专利引文数据进行变量构造和负二项回归分析，证实了探索式搜索确实会带来更多的不确定性，而利用式搜索与随之而来的不确定性之间则是非线性的，出现了 U 形关系。弗莱明和索伦森（Fleming & Sorenson，2004）认为，对技术知识的利用式搜索有利有弊，而对科学成果的搜索和获取则会在一定程度上对组织的知识搜索起到指导和规范的作用，为组织的知识搜索提供更加可行的方向，减少不必要的损失，帮助企业将目光放得更为长远，即使在技术创新遭遇逆境时仍然能够鼓励企业继续下去。

2.2.4　本地搜索与远程搜索

尼尔森和温特（1982）在 *An Evolutionary Theory of Economy*（《经济进化论》）一书中，从演化经济学和组织生态学的角度，基于企业通过搜索而获取的知识与企业原有知识基础的内容相似性或搜索发生场所与企业所在地理位置的地理相近性，即知识的搜索范围或来源，提出了本地搜索（local search）的概念，这也是学界最早提出本地搜索概念的研究之一。在这本书中，企业对邻近或相似的技术与知识的搜索，被定义为本地搜索，它体现在对企业所在的边界范围内进行知识搜索（Phene, Fladmoe - Lindquist & Marsh, 2006）、对现有技术的渐进式修改、企业的生态位（niche）保持相对稳定等方面（Stuart & Podolny, 1996）。与之相对的便是远程搜索（distant search）。此后，关于本地搜索和远程搜索的研究在学界兴起。

早期的研究认为，企业在知识搜索过程中，较为依赖以往的惯例、经验和知识基础（Malerba, 1992），因此，对本地搜索的研究比较多。组织学习是一个累积性的活动，聚焦于现有知识积累的搜索活动能够促进组织学习（Cohen & Levinthal, 1989）。本地搜索能够使企业在现有的技术基础上搜索新知识（Stuart & Podolny, 1996），将注意力聚焦于与其知识基础相类似的技术，通过获取并吸收该类型的技术知识，帮助企业进行渐进式创新，从而在现有领域中变得更为精专（Rosenkopf & Nerkar, 2001）；帮助企业一定程度上规避研发管理活动中面临的技术、经济、社会环境的不确定性（March, 1988; Tushman & Rosenkopf, 1992）。然而，过多的本地搜索，长时间在较为熟悉的领域中开展知识搜索和问题解决活动，也会限制企业的思维，造成企业的短视，长此以往，可能会导致核心僵化（Leonard - Barton, 1992）或跌入能力陷阱（Levitt & March, 1988）。

随着开放式创新（open innovation）的重要性日益突出（Chesbrough，2003），企业跨边界进行知识搜索并运用异质性知识解决创新活动中的问题的需求也越来越强烈。虽然创新是现有技术和知识的新组合（Schumpeter，1934），但跨越边界的限制，搜索新知识并与现有知识进行重组的重要性也得到了证实（Kogut & Zander，1992；Fleming & Sorenson，2001）。那么，如何定义这个“边界”，从而对本地搜索和远程搜索进行区分，不同的学者有着不同的分类标准。

1. 地理边界

一批学者以地理位置上的相近性为边界来区分本地搜索和远程搜索，看企业的搜索行为是在地理范围内还是超越了所在的地理位置（Ahuja & Katila，2004；Sidhu et al.，2007），这种划分方式最接近本地—远程搜索的最初定义。若知识的来源与焦点企业的地理位置相近或相同，则对这些知识开展的搜索行为就是本地搜索，否则就是远程搜索。

杰夫、特拉吉顿伯格和亨德尔森（Jaffe，Trajtenberg & Henderson，1993）以美国的专利引文记录为手段，来探究知识溢出在多大程度上依赖于地理位置分布，他们的研究结果表明，在国家层面上，美国专利的后向引文（被引专利）同样也来自美国的概率更高；在州际层面上，各州的专利发明者更倾向于引用本州专利作为引文。这证实了发明者（包括企业和个人）更倾向于采用地理边界上的本地搜索来进行发明创造。阿尔梅达和寇伽特（Almeida & Kogut，1997）同样采用企业专利数据，通过对初创企业和在位企业的比较，发现地理空间对初创企业的发展至关重要，与较大的在位企业相比，这些初创的小企业更大程度地依赖本地的知识网络进行技术机会的搜索，并在本地小企业网络中进行知识的扩散。吴和魏（Wu & Wei，2013）以产业集群（Cluster）为地理单位，将集群中的企业的搜索行为划分为产业集群内的本地搜索和集群外的远程搜索，认为具有地理集聚性的产业集群中的企业有着相互联系的商业领域（Porter，1998），在集群内开展知识搜索可以通过整合集群内的知识来扩大企业的知识基础，又可以让企业突破组织内开展搜索的局限（Von Hippel，1994）。

2. 制度边界

有的学者以文化、制度上的相似性为边界来区分企业的知识搜索行为是本地搜索还是远程搜索。若企业通过搜索获得的知识来源于相同的文化圈或相同制度的国家，则为本地搜索，否则，就是远程搜索。

在克里奥希纳斯和凯勒（Kriauciunas & Kale，2006）的研究中，他们认为，在 20 世纪 80 年代末期，从社会主义经济环境转型为市场经济环境的国家经历了一场重大的外部商业环境动荡，并以立陶宛的企业为研究样本，通过企业问卷调查数据开展实证研究，验证曾经的社会主义制度和社会主义市场的烙印对立陶宛企业的知识转型成果的影响。立陶宛在历史上曾是社会主义国家，后来经历了国家制度与经济环境的转型，与中欧、东欧的部分国家经历相似，因此，样本企业在经历相似的国家中开展的知识搜索被定义为本地搜索，在其他国家中开展的知识搜索则被定义为远程搜索。通过实证分析，他们证实了，在商业环境转型的背景下，过去的市场烙印越深，企业的知识转型就越困难；远程搜索对企业的知识转型有帮助，可以缓解市场烙印给知识转型带来的限制，但是无法缓解制度烙印带来的限制。

3. 组织边界

有的学者用组织边界来描述知识的来源，并用以划分企业的本地搜索和远程搜索。在组织内部进行的知识搜索被定义为本地搜索，在组织外部进行的知识搜索则为远程搜索。

阿尔梅达、多科和罗森科夫（Almeida，Dokko & Rosenkopf，2003）用组织边界来区分本地搜索与远程搜索，并着重对外部搜索（远程搜索）进行研究，认为新创组织的规模会对其外部搜索的程度产生影响，规模越大则越会进行企业外部搜索，从企业以外的其他组织中获取所需的知识。阿夫拉和图斯（Afuah & Tucci ，2012）则探讨了众包（crowdsourcing）策略在技术创新中的作用。他们认为，企业在一定的条件下，可以通过众包，将原本属于组织外部的资源暂时性地纳入组织内部，将成本较高、难度较大的远程搜索转化为本地搜索，同时又比传统意义上的本地搜索和内部研发更加灵活，在问题解决的过程中更具效率和效力。比如 facebook（脸书）在发展初期，需要将英文的界面内容翻译成世界各国语言，他们没有通过内部工作人员进行翻译和转化工作，而是将这一任务向公众发布，招募志愿者一起进行翻译工作，并在很短的时间内完成了任务：英语翻译成法语只用了几天，英语翻译成西班牙语只用了不到两周，等等（Afuah & Tucci，2012）。此外，维格勒斯（Veugelers，1997）、罗森科夫和尼尔卡尔（2001）、金和帕克（Kim & Park，2013）等研究也从组织边界对搜索行为进行了本地和远程的划分。

4. 技术边界

除了组织边界和地理边界，也有一部分学者从技术边界出发，以技术知识的相似性为依据对知识搜索进行本地和远程搜索的划分。如果企业搜索的知识是与企业现有知识基础相同或类似的（一般的判断标准为是否来自同一个技术领域），那么这种搜索行为就是本地搜索（Ahuja & Katila，2001），反之则为远程搜索。以技术边界来区分本地远程搜索的学者们认为，除了组织、地理这些有形的边界，企业所获取的新技术知识是否与企业已有的知识基础相近似也会对企业的创新活动产生影响（Rosenkopf & Almeida，2003）。

除了罗森科夫和尼尔卡尔（2001）、金和帕克（2013）曾以技术边界来划分本地与远程搜索，并探讨它们对绩效的积极作用外，也有研究证实，技术边界上的本地搜索的程度，即技术知识的相似性，对企业的创新绩效有非线性的影响（Ahuja & Katila，2001）。一方面，相似的知识促进了新旧知识的融合（Kogut & Zander，1992；Grant，1996）；相同的技能、技术语言，相似的认知结构也让技术交流和学习成为现实（Lane & Lubatkin，1998）。另一方面，不相似，或相关度较低的新知识（远程知识），以及它们与已有知识的组合，可以帮助企业解决一些顽疾（Cohen & Levinthal，1990）；当新获取的远程知识被企业内化成知识基础中的一部分后，可以增强企业知识基础的异质性，帮助企业识别并搜索更多类型的知识（Ahuja & Katila，2001）。

5. 搜索边界的拓展研究

随着本地搜索—远程搜索的研究逐渐深入，企业管理实践的不断深化，越来越多的学者意识到，仅仅从单一的边界维度来研究企业的知识搜索行为已经不能很好地解释已有的现象（Rosenkopf & Nerkar，2001）。在当今世界技术发展突飞猛进、市场需求变幻莫测的环境中，企业需要更多更新的知识来扩展知识基础、应对环境变化，因此，企业的搜索行为不再仅仅局限于跨越一个边界。与之相对应的是，创新管理领域的学术研究也开始关注企业知识搜索中的边界拓展（boundary-panning）现象，也称为跨界。

研究企业建构能力（architectural competence）的学者早就开始以边界拓展的思想来看待企业管理实践，他们认为企业建构能力是企业吸收组织边界外部的新知识并在组织内部跨学科和技术边界灵活整合知识的能力（Henderson & Cockburn, 1994），提出了同时跨越组织边界和技术边界进行知识搜索与整合的要求。

罗森科夫和尼尔卡尔（2001）的研究则首次以组织边界和技术边界为二维标准提出了一个四分类法来刻画企业的知识搜索行为，按照边界拓展程度的顺序依次为：在组织内和技术领域内开展的本地搜索，在组织内和技术领域外开展的内部边界拓展搜索，在组织外和技术领域内开展的外部边界拓展搜索，在组织外和技术领域外开展的激进式搜索。随后他们采用企业专利数据，通过对欧美日韩光盘制造业企业的研究分析，发现不同类型的知识搜索活动对技术演化有着不同的作用。其中，未突破组织边界的搜索，不论是在技术领域内还是技术领域外，对技术演化的影响都比较弱；突破了组织边界但仍在同一技术领域内的搜索行为的作用略强；同时突破了组织边界和技术边界的激进式搜索对技术演化的作用最为强大。

在这之后，又有学者沿用这一分类标准，同样采用专利数据研究拓展了组织边界和技术边界的知识搜索对创新绩效的作用（Kim & Park, 2013）。同时，还有学者采用专利数据研究地理边界和技术边界上的边界拓展知识搜索，并提出了战略联盟和人员流动在其中发挥的作用（Rosenkopf & Almeida, 2003）。他们发现，人员的流动可以促进企业间的知识流动，哪怕这些企业并不具备地理上的邻近性；同时，战略联盟和人员流动的积极作用会随着技术距离的增加而增强。最后，他们主张企业通过人员流动和建立联盟的知识获取机制来促进知识搜索和知识流动，从而克服企业在技术和地理上的缺陷。除此之外，菲尼、林德奎斯特和玛什（Phene, Fladmoe – Lindquist & Marsh,

2006）也研究了企业在地理边界和技术边界上的边界拓展知识搜索行为，并认为这种行为会给突破式创新的可能性带来倒 U 形的影响。

2.2.5 本地—远程搜索与探索—利用、探索式—利用式搜索的区别

在对过往文献梳理的过程中，笔者发现一些研究在涉及本地—远程搜索、探索式—利用式搜索、探索—利用这几对概念时，常常会将它们混用，并未加以区分（Fleming, 2001；Rosenkopf & Nerkar, 2001；Katila & Ahuja, 2002；Benner & Tushman, 2002；Fleming & Sorenson, 2004；Wang & Li, 2008；Kim & Park, 2013）。然而，笔者通过对相关文献的回顾与梳理，认为这三组概念之间固然存在着一定的联系与共性，但是严格来说它们依然是有区别的，应该在具体的学术研究中加以识别和区分。

1. 探索式—利用式搜索 VS 探索—利用

首先，探索式—利用式搜索不可完全等同于探索—利用。对新可能性的探索和对旧有资源的利用是组织自适应研究的一个核心问题（Schumpeter, 1934；Holland, 1975；Kuran, 1988；March, 1991）。探索和利用是一对相对的概念，它们的具体表现形式也有所不同。探索的表现形式包括搜索、变革、柔性、冒险、实验、发现、创新等，而利用则包含精炼、选择、生产、效率、执行等（March, 1991）。从探索与利用的早期定义和区分标准中可以看出，两者关注的是知识用途的区别。在探索的实践中，企业将智慧和精力投入到陌生的领域中，以期获取以往不熟悉的知识，识别问题、解决问题，取得突破式的进展；在利用的实践中，企业则是将现有知识运用在熟悉的领域中开展活动，能够加快现有技能的提升速度（Auh & Menguc, 2005）。

而探索式—利用式搜索则是对探索—利用这一概念在企业知识搜索领域内的一种借鉴，这种借鉴具有其合理性，因为组织在探索和利用中做出的隐性选择一方面就体现在知识搜索策略的选择中（Radner & Rothschild, 1975；Hey, 1982；March, 1991），但也不能因此而将两组概念混淆。学者们按照企业对所获取知识的熟悉程度，把在熟悉的技术领域内开展的搜索或对以往使

用过的技术知识组合的搜索定义为利用式搜索，而搜索全新的、陌生的技术知识或知识组合则被定义为探索式搜索（Fleming，2001）。具体来说，如果企业搜索的知识是其近期使用过的或频繁使用的，那么这种知识搜索行为就是利用式搜索；否则就是探索式搜索（Fleming，2001；Katila & Ahuja，2002；Russo & Vurro，2010）。

2. 本地—远程搜索 VS 探索—利用

其次，本地—远程搜索不可完全等同于探索—利用。本地—远程搜索，最早是由演化经济学的学者们提出的（Cyert & March，1963；Nelson & Winter，1982）。他们将本地搜索定义为企业搜索与现有知识基础相似的知识或在相同、相近的地理范围内开展搜索的行为（Nelson & Winter，1982）。更加简洁地来说，本地—远程搜索关注的是企业通过搜索而获取的知识的来源究竟是在其所在的边界内还是边界外（Kriauciunas & Kale，2006），而这个边界的分类方法则较为多元，常见的有组织边界（Almeida，Dokko & Rosenkopf，2003；Afuah & Tucci，2012）、技术边界（Ahuja & Katila，2001；Rosenkopf & Almeida，2003）、地理边界（Jaffe，Trajtenberg，Henderson，1993；Almeida & Kogut，1997）、制度边界（Kriauciunas & Kale，2006），以及两个边界同时包含的跨界或边界拓展（Rosenkopf & Nerkar，2001；Phene，Fladmoe-Lindquist & Marsh，2006）。

而笔者在前文有指出，探索—利用关注的是知识的用途，看企业是将知识运用于其熟悉还是陌生的领域（March，1991）。因此，从本质上来说，探索—利用与探索式—利用式搜索的区别也恰恰是前者与本地—远程搜索的区别，两组概念关注的是组织学习过程中的不同阶段。通俗地说，本地—远程搜索是看企业从哪里获取知识，而探索—利用则是看企业将知识运用在哪里。

此外，探索—利用作为一组概念，其包含的企业实践表现形式也是丰富多样的，相对应地包括搜索—稳定（Rivkin & Siggelkow，2003）、柔性—效率（Adler，Goldoftas & Levine，1999）、宽度搜索—深度搜索（Katila & Ahuja，2002）、突破式创新—渐进性创新（Benner & Tushman，2003；Andriopoulos & Lewis，2009）、演化—变革（Tushman & O'Reilly，1996）等。可见，知识搜索

只是探索—利用的一种表现形式。因此，单纯地将企业知识搜索行为等同于探索与利用，也是不妥当的。

3. 本地—远程搜索 VS 探索式—利用式搜索

本地—远程搜索与探索式—利用式搜索的着眼点都是组织学习过程中的知识搜索环节，是企业“从哪里”获取知识的环节。因此，将两者混淆使用的研究也比较常见（Wang & Li，2008；Kim & Park，2013）。虽然两组概念关注的环节是一样的，但是关注的内容却不完全相同。本地—远程搜索从知识的获取范围对搜索行为进行分类，以组织边界、地理边界、技术边界、制度边界等来进行范围的划分（Rosenkopf & Almeida，2003；Afuah & Tucci，2012；Wu & Wei，2013），认为在边界范围内的是本地搜索，边界范围外的则是远程搜索（Kriauciunas & Kale，2006）。而探索式—利用式搜索从企业对所获取的知识是否熟悉的角度对搜索行为进行划分，认为搜索近期使用过或频繁使用的知识是利用式搜索，而搜索近期或一直未被使用的知识则是探索式搜索（Fleming，2001；Russo & Vurro，2010）。

两组概念的不同点可以通过举例来说明：企业在组织范围外开展远程搜索，搜索获得的知识既有企业曾经搜索到并使用过的（利用式搜索），又有对企业来说完全新颖和陌生的知识（探索式搜索）；同样地，当企业在组织内部开展本地搜索时，也有可能获取到这两种熟悉度截然不同的知识。因此，将本地—远程搜索完全等价于探索式—利用式搜索，不加区分地混合使用，也是不合理的。

2.2.6 小结

本小节聚焦企业知识搜索的内涵与分类，明确了企业知识搜索的定义，并围绕多组重要的分类进行综述，并明确了几组概念的内涵和关注重点，同时回顾了几组概念下的代表性研究。本小节还重点区分了在过往研究中常被混淆使用的本地—远程搜索、探索式—利用式搜索以及探索—利用这三组概念，并从三组概念关注的组织学习阶段和知识属性方面对其加以区分，明确了三组概念之间的区别。

通过本小节的综述，可以得出以下几条结论：

第一，在企业知识搜索的研究领域中，需要加强对本地—远程搜索的研究，尤其是与边界拓展行为相关的研究。知识搜索被普遍认为是一种问题解决的过程，问题未被解决则搜索就不能停止（March & Simon，1958），同时它也是组织学习过程中的一个阶段（Huber，1991）。随着开放式创新的重要性与日俱增，企业也逐渐意识到仅仅依赖内部的研发是很难维持竞争优势的（Howells，James & Malik，2003）。因此，除了依赖以往经验、惯例，维持较低成本的本地搜索外，企业也更加关注远程搜索以获取更多新颖知识，这对本地—远程搜索的研究提出了更多的需求。而随着企业管理实践的深入，原有的单一边界的搜索行为划分已经不能很好地解释企业的本地—远程搜索行为，更多的企业开始采用边界拓展的本地—远程搜索方式。学术界已有研究关注与边界拓展行为相关的知识搜索，但是缺乏对企业在不同边界进行跨界搜索的区别的比较研究，比如：企业在组织边界或技术边界上同时开展本地—远程搜索的行为对哪些因素比较敏感，不同边界上的搜索行为是否会有不同的绩效影响，等等。

第二，在对本地—远程搜索的研究中，需要注意其与探索式—利用式搜索、探索—利用的区别。通过这一小节对现有文献的综述，笔者发现，不少研究并未对这三组概念加以区分，甚至会有混用现象。简单来说，探索—利用关注的是企业将知识用在哪里，它所包含的具体的企业管理实践丰富多样，知识搜索只是其中的一种表现形式；探索式—利用式搜索是探索—利用在知识管理领域的一次借鉴，它关注的是企业通过搜索获取的知识是否是企业所熟悉的；本地—远程搜索则关注的是企业从哪里获取知识，所获知识的来源是否与企业同在一个边界范围内。因此，在未来的研究中，需要明确这三者之间的区别，在采用本地—远程搜索概念时，需在内涵界定、变量测度等方面体现出其应有的特点。

2.3 知识搜索的二元性视角

2.3.1 组织二元性

随着环境变化的速度加快、市场需求变化多端、企业间竞争加剧，单独执行某项单一的策略的传统做法受到了挑战。然而，同时进行的一些策略会在一定程度上出现矛盾对立，甚至会对企业稀缺的资源展开争夺，增加企业的内耗（Denison，Hooijberg & Quinn，1995）。这些矛盾对立的战略包括但不限于表2－5中的这几组：

表2－5　竞争性战略行为

战略行为	代表文献
有机式与机械式组织结构	Duncan，1976
演化与变革	Tushman & O'Reilly，1996
差异化与低成本	Porter，1980
柔性与效率	Abernathy，1978；Adler，Goldoftas & Levine，1999
宽度搜索与深度搜索	Katila & Ahuja，2002
搜索与稳定	Rivkin & Siggelkow，2003
突破式创新与渐进性创新	Benner & Tushman，2003；Andriopoulos & Lewis，2009
探索与利用	March，1991；Gibson & Birkinshaw，2004

但是，也有学者观察到，在某些特定的情境下，企业能够通过特定的行为方式，同时开展看似矛盾对立的战略行为（Tushman & O'Reilly，1996）。这种同时进行截然不同甚至有时还会互相竞争的战略行为的企业活动被称为组织二元性（Simsek，2009），被认为是动态能力的一种体现（O'Reilly & Tushman，2011）。此时，企业面对这些竞争性的战略选择时，不再只能从中做出无奈的取舍（Trade－off），而是可以通过组织二元性（ambidexterity），将矛

盾的战略选择统一起来（Raisch et al.，2009）。

组织二元性的理念最早源自邓肯（Duncan，1976），他最早采用“二元性组织”（Ambidextrous Organization）这一概念来描述采取有机式和机械式这种双重结构的组织。之后，随着玛驰（1991）在组织学习领域提出了企业需要平衡探索和利用这两种互相竞争且互补的机制的观点后，关于组织二元性的研究在管理学的各个领域开始广泛地开展了起来，一些代表性的研究如表 2－6 所示。

表 2－6　　组织二元性研究范式的应用

领域	内容	代表研究
组织学习	探索式学习与利用式学习	Levinthal & March，1993
	深度搜索与宽度搜索	Katila & Ahuja，2002；Laursen & Salter，2006
	探索式搜索与利用式搜索	Russo & Vurro，2010；Kim，Park & Lee，2014
	本地搜索与远程搜索	Rosenkopf & Nerkar，2001
技术创新	渐进性创新与突破性创新	Benner & Tushman，2003；Andriopoulos & Lewis，2009
	探索性创新与利用性创新	Danneels，2002；Smith & Tushman，2005
	开放式创新与封闭式创新	Enkel et. al.，2009
组织适应	演化与变革	Tushman & O'Reilly，1996
组织设计	搜索与稳定	Rivkin & Siggelkow，2003
	柔性与效率	Abernathy，1978；Adler，Goldoftas & Levine，1999
	有机式组织结构与机械式组织结构	Burns & Stalker，1961；Duncan，1976
战略管理	探索式创新战略与利用式创新战略	He & Wong，2004；Cao et al.，2009
	探索式战略联盟与利用式战略联盟	Yamakawa，Yang & Lin，2011；Yang，Zheng & Zhao，2014

在对文献进行回顾的同时，不难看到，组织学习领域中，已经有学者开始用组织二元性的研究范式对企业知识搜索行为进行研究，比如宽度搜索与深度搜索（Katila & Ahuja，2002）、探索式搜索与利用式搜索（Russo & Vurro，2010）、本地搜索与远程搜索（Rosenkopf & Nerkar，2001）。这说明，为了解决技术创新、企业发展过程中的一系列问题，企业的知识搜索已经不再满足于聚焦单一领域，而是开始多方面着手，齐头并进。然而，直接以组织二

元性的视角探讨本地—远程搜索的文献并不多见，大部分关于知识搜索二元性的研究都还是集中在探索式—利用式搜索的二元性上。因此，结合 2.2.6 节对本地—远程搜索的研究意义的小结，在将二元性视角引入知识搜索研究的过程中，也需要加强对本地—远程搜索二元性的重视。

2.3.2 组织二元性的顺序视角

自组织二元性的概念诞生以来，学者们对其内涵与实证研究进行了逐渐深入的探讨与思考。有学者认为，应该在对组织二元性进行的研究中，引入时间的概念，并根据组织二元性中的两种矛盾对立的战略行为发生的时间顺序，对其进行并发二元性（simultaneous ambidexterity）与序贯二元性（sequential ambidexterity）的分类（Venkatraman et al.，2007；Simsek et al.，2009；Eriksson，2013）。

并发二元性是指在一段时间内同时追求两种矛盾对立策略的战略行为（Tushman & O'Reilly，1996；Tushman et al.，2004），持这种观点的实证研究多将二元性看作是一对战略行为（如探索与利用、适应与协同等）的平衡或联合作用（Gibson & Birkinshaw，2004；He & Wong，2004；Jansen et al.，2005；Cao et al.，2009）。在知识搜索领域，卡蒂拉和阿胡加（2002）根据企业在一定时间内（三年）对知识利用的范围（广泛程度）和频率（深入程度），提出了宽度搜索与深度搜索的概念，并用企业专利数据构造了这两个变量，最后，他们证实了搜索宽度和深度的乘积项（即知识搜索二元性的联合效应）对企业财务绩效的积极作用。尽管他们在研究中并未直接提出组织二元性或知识搜索二元性的概念，但是这一计量方法给后续试图用定量方法验证组织二元性的绩效效应的研究带来了启发（Raisch & Birkinshaw，2008）。何和王（He & Wong，2004）在技术创新的背景中检验了探索与利用的二元性对企业销售增长率的影响。在这之前，关于组织二元性的绩效作用的研究大多停留在理论归纳和案例分析的阶段，尚未拓展到定量分析的领域，因此，虽然之前的研究主张探索和利用只有达到一定的平衡，它们的二元性才能给企业带来利益，但是这些研究并没有直接的实证证据表明二元性对企业绩效的正向影响（March，1991；Tushman & O'Reilly，1996；Levinthal & March，1993）。在何和王（2004）的研究中，他们采用问卷调查搜集数据，构造了探索和利用的变量，并用两者差值的绝对值和中心化后的乘积分别代表两者的平衡效应和联合效应。最终，他们证实，探索和利用的联合效应越高，则企业绩效（销售增长率）就越高，而探索和利用的不平衡则会给企业绩效带来负面影响。此后，曹等（Cao et al.，2009）采用同样的变量构造方法对探索和利用的平衡效应与联合效应进行构造，并检验了它们对企业财务绩效的作用，得到了类似的结论。

序贯二元性则是指有时间节奏地、有一定先后顺序地在一对矛盾对立的策略间进行来回变换的战略行为（Venkatraman et al.，2007；O'Reilly & Tushman，2013），意味着将这一对策略分割，在一段时间内先采取其中一种，然后根据需求在下一个时间段中采取另外一种，两者交替进行（Duncan，1976；Eriksson，2013）。布朗和埃森哈特（Brown & Eisenhardt，1997）曾将研究聚焦于计算机行业，挑选了六家企业进行了一项多案例研究，企图解释为什么有些企业能够做到持续变革。他们的研究发现，这些能够持续变革的企业的关键在于能够在有机式结构和机械式结构间的“灰色地带”保持一种半结构式的状态（semistructures），同时他们能够通过有序地、保持一定节奏（sequenced steps）地在探索和利用之间切换，从而对公司的现在和未来进行连接（links in time）。尽管布朗和埃森哈特（1997）并未对序贯二元性或组织二元性的概念进行突出和论述，但是这给后人的研究带来了启发。文卡特拉曼等（Venkatraman et al.，2007）在他们的启发下，以嵌入式软件行业中的企业为研究样本，对其1990～2002这十三年的二元性战略实施进行了研究，最终，他们的实证结果表明，并发二元性对企业绩效（利润增长）并没有明显的作用，而序贯二元性则对企业绩效产生了显著的积极作用，这一结论也是对持“组织二元性是并发的、同时的”这一观点的学者发起的挑战，同时也是对组织二元性对绩效的积极作用提出的质疑。

那么，序贯二元性是否真的是组织二元性的一种表现形式？有学者认为，所谓的“序贯二元性”并不是真正意义上的组织二元性（Raisch & Birkinshaw, 2008），而是间断均衡（punctuated equilibrium）（Gupta, Smith & Shalley, 2006）。间断均衡，也可称为间歇循环（temporal cycling）（Gupta, Smith & Shalley, 2006），或间歇转换（temporal shifting）（O'Reilly & Tushman, 2013），这是学者和管理者在试图回答“组织如何在一对矛盾对立的策略间（如探索与利用）达到平衡”的过程中给出的一种合理且可行的解释，意指组织在这对矛盾之间进行循环往复的过程。间断均衡的本质是组织针对存在分歧的目标，有序地进行资源（比如管理注意力）的配置（Gupta, Smith & Shalley, 2006）。早在 2006 年就有研究针对二元性与间断均衡进行了专门的区分和论述（Gupta, Smith & Shalley, 2006），他们在研究中举了一个例子来形象地区分二元性与间断均衡：假设某系统中有两个子系统 A 和 B，在 t 时期中，A 进行探索，B 开展利用，而在 t + 1 时期中，A 和 B 的职能进行对调，那么对该系统来说，它一直是维持着二元性的，但是对于 A 和 B 这两个子系统来说则是维持着间断均衡，即有些研究认为的“序贯二元性”。诚然，间断均衡确实可以帮助企业在漫长的时间中通过间歇性的策略转换逐步习得二元性的两个方面，有助于日后达到组织的二元平衡，特别是对于那些规模小的企业来说（Brown & Eisenhardt, 1997；O'Reilly & Tushman, 2013），而且这一战略的实用性也在管理实践中得到了证实（Boumgarden et al. , 2012）。但是，从以上一系列的文献回顾中不难看出，所谓“序贯二元性”严格来说并不是组织二元性的一种表现形式，而是在一对矛盾中进行“无奈”的取舍，而这，恰恰是组织二元性试图去克服的局限。此外，就连序贯二元性概念的提出者与早期研究者文卡特拉曼等（2007）也承认，所谓的“序贯二元性”是间断均衡的一种表现形式，是一个特殊的例子（Venkatraman et al. , 2007）。

因此，尽管在组织二元性的定义上，现有研究产生了一些分歧和冲突，但是，通过对相关文献的回顾和对组织二元性原本定义的审视，笔者认为，“序贯二元性”确实是间断均衡的一个特殊表现形式，并不能作为组织二元性的一种分类。综上所述，本书所涉及的组织二元性（知识搜索二元性）的定义为组织在一段时间内同时开展两种矛盾对立的战略活动（知识搜索活动）的行为。

2.3.3　本地搜索与远程搜索的二元性

本地搜索与远程搜索是根据企业开展知识搜索活动的范围来界定的，若企业通过搜索所获取的知识来自于该企业所处的组织、技术或地理等范围内，则为本地搜索，否则就是远程搜索（Jaffe et al.，1993；Ahuja & Katila，2001；Russo & Vurro，2010）。将组织二元性的研究范式引入本地—远程搜索的研究中，是企业在管理实践不断深化过程中提出的要求，是对原本研究中孤立地看待本地搜索和远程搜索的深化与进步，具有重要的意义。

企业被看作是一个由各种复杂的惯例组成的综合体，在早期的企业管理与知识搜索实践中，企业较为依赖以往的经验、惯例和知识基础（Malerba，1992），在这种现实背景下，以往的研究也较为偏重于本地搜索。本地搜索具有低成本、低不确定性的优势（Pisano，1990；Stuart & Podolny，1996；MacKenzie，1992；Tushman & Rosenkopf，1992），还能够帮助企业在现有知识基础上开展搜索活动从而促进组织学习（Cohen & Levinthal，1989），并通过重复或频繁的现有知识运用，实现企业的渐进性创新，在现有领域中变得更加专业（Rosenkopf & Nerkar，2001）。但是过多的本地搜索带来的隐患也在企业管理实践不断深化的过程中慢慢凸显，长时间在较为熟悉的领域中开展知识搜索和问题解决活动，会限制企业的思维，造成企业的短视（Levinthal & March，1993），长此以往，可能会导致企业面临核心僵化（Leonard - Barton，1992）或跌入能力陷阱（Levitt & March，1988）。

而随着开放式创新的观点被逐渐接纳（Chesbrough，2003），远程搜索的角色也逐渐被重视。远程搜索使得企业可以将目光从狭隘的范围投向更为广阔的世界中，通过接触以往不熟悉的知识来源，开阔视野，拓宽思路，获得与以往经验不同的技术与知识，并将这些新获取的知识与企业现有的知识相结合，从而找到更有效的问题解决方案（Katila & Ahuja，2002）。此外，通过远程搜索，不同企业会建立不同的知识获取渠道，获取的知识也会因此产生差异，这也帮助了企业与其他竞争者区分开来，从而开展差异化竞争（Katila, Chen & Piezunka, 2012; Hannah & Piezunka, 2014)。

但是，过度的远程搜索也会带来问题。企业知识搜索和问题解决过程包含了大量的决策，决策的开展来源于决策者的战略部署。远程搜索使得企业的触角深入到广阔而未知的领域，势必会带来更多的管理复杂性，而管理者的注意力是一种稀缺且昂贵的资源（Rapoport, 1966; Koput, 1997; Guo & Wang, 2014），过度的远程搜索会消耗管理者大量的注意力。同时，组织行为理论认为，由于有限理性的存在，决策者是认知受限的（cognitively limited），并且决策时间、所掌握的信息与资源都是有限的（Cyert & March, 1963; March & Simon, 1958; Simon, 1955; Afuah & Tucci, 2012）。因此，在过度的远程搜索过程中，企业会忽视自身资源与相关熟悉领域知识的开发利用，阻碍企业自身能力的构建，同时也会导致企业管理成本的大量增加，反而会给企业带来负面影响。

因此，本地搜索与远程搜索各有利弊，而且这两种截然相反的搜索行为关注的知识范围也有所不同，对企业提出的具体要求也不相同，甚至还会争夺企业资源。但是，也不难看出，这两种搜索行为尽管截然相反，但是在一定程度上其各自的优势劣势是可以互补的。企业可以通过特定的程序、在特定的情境下，同时执行这两个看似矛盾对立且相互竞争的搜索活动。尽管不多，但已经有研究开始关注企业同时开展本地—远程搜索的效果（Rosenkopf & Nerkar, 2001）。罗森科夫和尼尔卡尔（2001）用组织边界和技术边界为二维划分标准，将企业的知识搜索行为进行区分，并探讨不同的知识搜索行为的绩效作用。在他们的研究中，同时在组织范围内（外）和技术范围外（内）开展的知识搜索便是二元性知识搜索，但是他们的关注重点是企业的跨界搜索行为，因此并未引入二元性的概念或在文中展开对知识搜索二元性的讨论。但是，他们的研究结果表明，将组织二元性的研究范式引入本地—远程搜索的研究中，以二元性的视角来研究企业知识搜索中遇到的这一组“两难”的决策，具有十分重要的意义。

2.3.4　小结

本小节主要探讨的是以组织二元性的视角来解释并研究企业知识搜索行为。本小节首先通过现有研究的回顾明确了组织二元性的起源、发展。其次，通过对现有文献的归纳，整理出组织学习、组织设计、组织适应、战略管理、技术创新等领域对组织二元性概念的应用与发展，并明确了组织二元性的定义与内涵。最后，笔者将目光聚焦于企业知识搜索领域的二元性视角，尤其是本地搜索与远程搜索的二元性。通过分别对本地搜索和远程搜索的利弊进行综述，以及对现有研究的回顾，提出了以二元性视角来平衡并综合运用这两种截然不同的搜索行为的重要性和迫切性。

通过本小节的综述，可以得到以下结论：

第一，组织二元性是目前组织管理领域中颇受关注的研究范式，在知识管理中也不例外。起初，当组织面临相互矛盾且具有竞争性的战略选择时，往往会在有限的组织资源中进行无奈的取舍，但组织二元性概念和思想的诞生，为处于两难境地的企业提供了一条可行的道路。自此之后，组织管理研究的各个领域，包括组织学习、组织适应、组织设计、战略管理、技术创新等领域，都开始以组织二元性的思维来处理矛盾对立的战略选择，并通过一定的组织努力，实现“两手都抓，两手都硬”的目标。知识管理领域，尤其是知识搜索的研究，也开始引入二元性视角，来研究宽度—深度搜索、探索式—利用式搜索的关系和绩效影响。

第二，组织能够达到矛盾平衡的可行方案不仅仅只有组织二元性，间断均衡也是一种合理且可行的方法。与二元性所强调的“同时”不同的是，间断均衡意指企业在一对矛盾中通过在不同时期中交替地选择不同策略而形成的循环往复。虽然间断均衡能够帮助企业在漫长的时间中习得二元性的两个方面，从而慢慢形成二元性，但是并不能因此就认定间断均衡是“序贯二元性”。

第三，虽然企业知识搜索的研究引入了二元性视角，但是主要集中在探索式—利用式搜索上，本地—远程搜索并未得到其应有的关注。早期关于知识搜索的研究由于企业管理实践的现实，对本地搜索较为关注，而随着时代的发展、环境的变化，远程搜索的关注度逐渐提升。但是，本地搜索和远程搜索各有利弊，且占用企业不同的管理资源，如何对两者进行取舍曾经一度成为让企业头痛的问题。而随着组织二元性的实践推广，越来越多的研究开始给予关注，包括知识搜索领域。但是，现有的以二元性视角探讨企业知识搜索的研究大部分都集中于探索式—利用式搜索中，并且有一些研究并未对其与本地—远程搜索加以区分。因此，明确本地—远程搜索的内涵及其与探索式—利用式搜索的区别，并加强以二元性视角探讨本地—远程搜索的研究也就显得非常重要。

2.4 知识搜索的前因研究

现有文献中关于知识搜索的研究，对不同搜索策略的绩效影响探讨较多（Koput，1997；Katila，2002；Katila & Ahuja，2002；Laursen & Salter，2006；Rothaermel & Alexandre，2009），而对于知识搜索行为的前因研究则比较缺乏（Guo & Wang，2014），尤其是二元性知识搜索策略的前因研究（Jansen，Van den Bosch & Volberda，2006）。也就是说，企业为何会采取某种特定的知识搜索策略，还需要更多的实证与理论研究去解释。有研究指出，在研究企业战略决策的前因时，应同时考虑企业内部和外部的因素（Jansen，Van den Bosch & Volberda，2006；Guo & Wang，2014；Guo et al.，2015）。因此，本小节从企业内部与外部两个大方向上着手进行文献回顾与理论分析。其中，企业内部特征方面，笔者从资源和能力两方面入手，分别探讨组织拥有的冗余资源和组织所具备的吸收能力对知识搜索策略选择的影响；外部环境方面，则是从环境动态性和环境敌对性两个角度进行分析。

2.4.1 内部特征

现有的文献中，已有一些研究涉及了组织二元性的前因，被广泛讨论的组织内部前因包括以下几种（Raisch & Birkinshaw, 2008）：

结构前因（structural antecedents），即通过组织结构的设计，使得截然不同的两种战略任务能够在不同的组织单元中同时进行（Adler & Borys, 1996；Brown & Eisenhardt, 1998；Sheremata, 2000）。这种组织结构的设计既要求有空间上的分隔，如同时设计有机性结构和机械性结构的战略事业部（Duncan, 1976），或探索式和利用式的事业部（Benner & Tushman, 2003），等等，并将它们分隔，或建立松散的联系（Leonard-Barton, 1992；Christensen, 1998）；又不乏实证和理论研究要求在这些战略事业部间建立松散和紧密并存的联系（O'Reilly & Tushman, 2004）。同时，还有早期研究建议，可以建立平行结构的战略事业部以达到结构二元性，使得组织可以在两种或两种以上的结构类型间，依据具体的任务要求，而不停转换（Zand, 1974；Stein & Kanter, 1980；Bushe & Shani, 1991）。

情境前因（contextual antecedents），即在同一战略事业部内通过创造一种具有支持性的情境，从而同时开展两种不一致的战略活动的行为能力（Gibson & Birkinshaw, 2004）。这个"情境"包括系统、流程以及塑造企业中个体行为的信念（Ghoshal & Bartlett, 1994），它要求通过情境的设计，组织中的每个个人都能够最合理地进行工作时间的安排，以完成二元性的、有冲突的组织任务需求（Raisch & Birkinshaw, 2008）。而能够达到情境二元性的方法包括：工作丰富化（Adler et al., 1999），共同愿景的创造（Bartlett & Ghoshal, 1989），等等。

基于领导力的前因（leadership-based antecedents），即让企业的高管团队对二元性战略的执行负责（Tushman & O'Reilly, 1996）。尽管有学者认为，高管团队的作用有限，仅对组织二元性的一方起作用（Floyd & Lane, 2000），但管理层依然被广泛认为是推动组织二元性的重要角色（Raisch & Birkinshaw, 2008；Beckman, 2006；Peretti & Negro, 2006），甚至是在结构二元性或情境二元性的执行过程中的支撑要素（Gibson & Birkinshaw, 2004；Smith & Tushman, 2005）。

虽然这些前因确实会对二元性的战略选择产生影响，但是这三个方面的归纳依然忽略掉了一些重要的因素。与一元性战略不同，组织二元性战略的执行对组织的资源和能力水平的要求更高（Gibson & Birkinshaw, 2004）。因此，二元性知识搜索策略的选择与执行也对企业提出了内部资源（冗余资源）和企业能力（吸收能力）上的更高要求。

1. 冗余资源

组织冗余资源在多个领域中都有广泛的关注和研究，如国际商务（Dasi, Iborra & Safon, 2015; Lin, Cheng & Liu, 2009）、组织学习（Chen & Miller, 2007）、组织适应与演化（Sharfman et al., 1988; Cheng & Kesner, 1997）、战略管理（Moses, 1992; Voss, Sirdeshmukh & Voss, 2008）、组织设计（Riahi - Belkaoui, 1998）、技术创新管理（Damanpour, 1991; Bolton, 1993; Nohria & Gulati, 1996）等等。

不同的学者站在不同的角度和立场，赋予了组织冗余不同的定义。西尔特和玛驰（1963）观察到，企业可利用的资源和用于维系关系的付出之间往往存在差距。这个差距可以是正向的，比如企业所有者得到的额外红利，卖出产品的价格高于维系买家所需的价格；也可以是负向的，比如付给员工的工资高于维系员工所需的最低工资水平，付给管理者额外补贴，等等。而这个差距如果是正向的，便是产生了组织冗余。查尔德（Child, 1972）则认为组织冗余是一种边际收入或盈余，产生于高于满意水平的企业绩效，这种盈余能够允许企业依据自身的偏好来调整需要维系的主要联系的结构，即使这种调整需要付出额外的管理成本。迪米克和墨里（Dimick & Murray, 1978）认为，组织冗余是一种资源，这些资源已经被组织获取但是尚未投入到具体的使用过程中，可以在未来以任意的方式投入使用。还有一些学者更为直白地点出，组织冗余就是企业现有资源与需求之间的差值（Cohen, March & Olsen, 1972; March, 1976）。基于玛驰（1979）的研究，布尔乔亚（1981）从组织冗余的缓冲作用的角度，给出了另一种定义与描述。他认为，组织冗余是一种实际或潜在资源的缓冲，它能够帮助企业成功地适应内部调整的压力或外部政策变化的压力，还可以帮助企业根据外部环境的变化而做出战略上的调整。而诺里亚和古拉蒂（Nohria & Gulati, 1996）则结合“差距”与“缓冲”

两个方面，给出了更为完整的定义，他们认为，组织冗余是企业在完成了一定水平的组织产出后剩余的资源池，包括过剩的投入（比如冗余人员、未使用的能力、不必要的资本投入），未使用的可用于提高产出的机会（比如可以将企业向技术前沿推进的、来自于顾客与创新的边际与利润的提升）。

起初，在传统经济学理论中，组织冗余被认为是对企业没用的（Cyert & March，1963；Bourgeois，1981），但很快，这一看法受到了企业管理者和组织研究者的质疑，组织冗余的优势在很多实证研究中得到了证实。一方面，组织冗余作为一种过剩的资源，可以扮演“缓冲”的角色，而内部没有吸收和缓冲动荡机制的企业会有被瓦解的危险（Bourgeois，1981）。组织冗余可以减少目标冲突（Cyert & March，1963），降低系统的信息处理需求与压力（Galbraith，1973），可以帮助企业从容应对不尽如人意的组织表现（Kamin & Ronen，1978）、预算缩减与环境动荡（Meyer，1982）。另一方面，组织冗余还可以帮助企业高管推动与实施战略变革（Bourgeois，1981；Nohria & Gulati，1996）。冗余资源能够鼓励企业放松控制，进行冗余搜索，也可称为试验（Levinthal & March，1981），企业可以开展多种创新项目，因为冗余资源能够将企业从不确定性中的损失降低，促进企业内形成创新的文化风气（Bourgeois，1981），从而有可能会给企业带来意外的新发现并开拓新的产品市场（Mokyr，1990）；冗余资源还使得企业能够更加安全地试验新战略，比如开发新产品、开拓新市场等（Hambrick & Snow，1977；Moses，1992）。

然而，组织冗余具有两面性，虽然能给企业带来一系列的好处，但是有研究证实，当组织冗余超过了一定的水平后，反而会给企业带来危害（Nohria & Gulati，1996；Tan，2003；Tan & Peng，2003）。有的学者认为，与其说组织冗余是一种缓冲资源，不如说它是“废物”，是管理者的私心、无法胜任的能力以及怠惰（Leibenstein，1969；Williamson，1963，1964）。组织经济学家认为，组织冗余是一种不必要的成本，会给委托人和代理人的关系带来负面影响，因为代理人可能会累积冗余资源并将其投入到可以满足自己的野心和兴趣的战略领域，而不是用于企业价值最大化（Jensen & Meckling，1976；Antle & Fellingham，1990）。此外，雷本斯坦（Leibenstein，1969）认为，组织冗余是组织低效率的一种信号，会让企业偏离其总体价值；詹森（Jensen，1986，1993）则观察到，组织冗余较多的企业常常会投资一些不必要的项目，比如没什么价值的研发项目、对企业帮助并不大的并购等等。

组织冗余在组织中的存在形式并非是单一的，现有研究根据冗余资源被组织吸收的程度，或者说是可以被再次任意利用的程度，将组织冗余分成了已吸收冗余、未吸收冗余、潜在冗余（Williamson，1975；Greve，2003；Herold，Jayaraman & Narayanaswamy，2006）。其中，已吸收冗余，也可称作可恢复冗余，它们已经被吸纳到组织生产要素和过程中，只有通过特定的活动才能够被释放，不容易进行重新配置（Williamson，1975；Tan，2003），包括各种管理费用、存货资金、生产设备等（Greve，2003；Tan & Peng，2003；Huang & Chen，2010）；未吸收冗余，或称可利用冗余，尚且处于闲置状态，尚未被投入到组织生产过程中，容易被识别并利用（Tan，2003；Herold，Jayaraman，Narayanaswamy，2006），包括现金、可交易证券、折旧费用、留存收益等（Tan & Peng，2003；Greve，2003；Huang & Chen，2010）；潜在冗余，在未来能够产生作用的冗余资源（Bourgeois & Singh，1983；Greve，2003），一般采用企业的偿债能力进行衡量（Greve，2003；Wiseman & Catanach，1997）。此外，谭（Tan，2003）曾经指出，不同类型的组织冗余对组织的不同环节有着不同的作用，因此，在讨论组织冗余资源作为一个整体对企业的影响的同时，也非常有必要打开组织冗余的黑箱，区分不同类型的冗余，并分别检验它们对企业战略选择的作用。

2. 吸收能力

吸收能力这一概念自提出以来（Cohen & Levinthal，1989；1990），便在多个学术领域受到了广泛的研究与探讨，比如技术管理（Schilling，1998；Ahuja，2000）、组织适应（Van den Bosch，Volberda & Boer，1999）、战略管理（Lane & Lubatkin，1998）、国际商务（Vermeulen & Barkema，2002；Minbaeva et al.，2003；Zhang et al.，2010）、组织学习（Vasudeva & Anand，2011；Yu，2013）等等。

然而，虽然关于吸收能力的研究越来越多，这些研究出于研究层次和研究目的的区别，对于吸收能力的定义与组成仍在存在不一致的地方（Zahra & George，2002）。最早提出吸收能力概念的科恩和利文索尔（Cohen & Levinthal，1989）发现，关于技术变革的研究中有一个一致的结论，那就是，那些对自身的研发活动进行投资的企业也可以更高效地对组织外部的信息进行利用（Tilton，1971；Allen，1977；Mowery，1983）。企业的研发活动具有两面性，企业所进行的研发投入，不论是有形的还是无形的，一方面可以产生新知识，推动企业的技术创新活动，另一方面也会有助于内部技术能力的构建与提升，而这种技术能力能够让企业跟上产业内最新的技术发展，并促进从别处吸纳新技术的能力（Tilton，1971；Cohen & Levinthal，1989）。基于这样的观察，科恩和利文索尔（1989）率先提出了吸收能力的概念，并将其定义为企业识别、吸纳、并利用外部环境中的知识的能力，同时这种能力也可以称为"学习能力"。他们在这个研究中通过推演经济学模型，建立了吸收能力与企业的研发投入、知识溢出以及产业内知识水平的关系。此后，他们又通过一个企业层面的问卷实证研究，正式提出了吸收能力这一概念，作为研究组织学习和技术创新的一个新视角（Cohen & Levinthal，1990）。在这个研究中，他们认为吸收能力是一个综合的能力，是企业识别有价值的信息，并对其加以吸纳继而应用于商业目标的能力。此外，组织的吸收能力依赖于组织中每一个个体的吸收能力，而且吸收能力的构建是路径依赖的，企业现有的知识基础决定了企业能吸收何种知识以及吸收的效果，因而对其吸收能力有重要的影响。

此后，由于管理实践的深化和研究问题的拓展，吸收能力的概念也有了一定程度的发展。莱恩和卢白金（Lane & Lubatkin，1998）的研究不再局限于组织层面，而是研究了跨组织层面，即组织之间的学习，并认为以往在跨组织学习的研究中引入吸收能力的文献，都以同一种标准来定义组织吸收能力这一构念，而这种做法的潜在假设便是企业间的吸收能力是相等的，而这显然是有问题的。于是，他们在科恩和利文索尔（1990）吸收能力概念的基础上，提出了"相对吸收能力"这一构念，认为一个企业向其他企业学习的能力不仅取决于吸收企业的知识基础，更取决于这两个企业间知识基础、组织结构、补偿政策、行为偏好等方面的相似性。扎哈拉和乔治（Zahra & George，2002）则通过文献回顾和理论归纳，打开了吸收能力的黑箱，提出了吸收能力构成的一个过程模型。在他们的研究中，按照外部知识被处理的过程，吸收能力被定义为企业对外部知识获取、吸纳、转化、利用的能力。其中，获取和吸纳对应的是潜在吸收能力（potential absorptive capacity），在这个过程中，企业对外部有价值的知识进行识别和获取，并对其进行分析、处理、翻译、理解的组织惯例和流程，着眼于企业对外部企业的包容性；企业对外部知识的转化、利用则对应的是实际吸收能力（realized absorptive capacity），企业在这个过程中发展并修正组织惯例，将获取并吸纳的新知识与现有知识相结合，并最终实现应用，着眼于企业对已吸收的知识的应用能力。这两种具有顺序联系的吸收能力的提出是对企业动态能力理论的应用。瓦苏德瓦和阿南德（Vasudeva & Anand，2011）则认为，虽然吸收能力的概念已经被很好地建立起来，但是传统的研究仅仅着眼于企业对外部不熟悉知识的吸收与处理。于是，他们从组织学习理论中的知识搜索角度出发，定义企业用于处理不熟悉或不相关知识的能力为纵向吸收能力，而处理现有知识中的范围、宽度、多样性的能力则为横向吸收能力，并采用企业专利数据进行了企业层面的实证研究。这种分类方法兼顾了企业对内外部知识不同的处理方式，提供了辩证地看待吸收能力局限和知识利用的思路。

现有研究关于吸收能力对企业知识搜索的影响也存在着较为多元的视角。有研究基于交易成本理论的视角，以新兴经济体中的制造业中小企业为样本，进行了企业知识搜索策略的前因研究，并发现随着环境不确定性的升高，吸收能力对企业外部知识搜索宽度有削弱作用，而对深度主导的外部知识搜索则有促进作用（Guo & Wang，2014；Guo et al.，2015）。因为，在外部环境不确定性升高的情况下，企业外部知识搜索成本会大大提升，企业对新颖知识有用性的识别能力会下降（Todorova & Durisin，2007；Lane & Koka，2006），新的外部知识搜索渠道对于企业的吸引力也会大打折扣。吸收能力高的企业本身对现有知识渠道重复利用并进而发现有价值信息的能力就比较高（Vasudeva & Anand，2011），因此，对于这部分企业来说，出于搜索新知识的同时控制企业成本的目的，利用有限的知识渠道比开拓新渠道更加可行（Guo & Wang, 2014）。法布里兹奥（Fabrizio, 2009）将目光从企业间的学习投向企业与高校间的产学研领域，通过对生物科技与制药行业 83 家企业的纵向二手数据实证研究，验证了企业自身的基础科研（包括研发投入、知识基础、组织惯例等）、企业与高校之间的合作研发（组织间的相关性、联系程度），以及两者的交互项，对企业创新搜索的促进作用。由于研发投入、知识基础、组织惯例、组织间联系、与科研机构的合作等都是吸收能力的前因（Cohen & Levinthal, 1989; 1990; Zahra & George, 2002; Mowery et al., 1996; Prager & Omenn, 1980; Gambardella, 1992），因此，吸收能力被认为能够推动企业的创新搜索。

2.4.2 外部环境

外部环境在很多研究中都被作为焦点进行讨论（Jansen et al., 2006），尤其是讨论环境作为一种情境因素的调节作用（Raisch & Birkinshaw, 2008; Guo & Wang, 2014; Guo et al., 2015），其中不乏关于组织二元性的研究（Gibson & Birkinshaw, 2004）。企业知识搜索二元性作为组织二元性的一种表现方式，也会受到各种环境因素的制约，因为企业层面的知识搜索很大程度上依赖于知识获取和处理的情境（Klevoricket al., 1995; Levinthal & March, 1993; Katila, 2002; Cohen & Levinthal, 1990）。

企业所面临的环境究竟是客观事实还是感知现象，是关于企业外部环境研究的一个重要争议。早期的相关研究认为，企业面临的所谓客观环境是不存在的，企业对外部信息流产生认知（Weick, 1979; Sharfman & Dean, 1991），并通过这种管理认知，尤其是感知到的环境变化，来指导决策（Duncan, 1972; Lawrence & Lorsch, 1967）。此外，组织释义理论（organizational sense-making theory）也是认为企业通过对外部环境的感知和反应来进行决策（Dutton & Jackson, 1987; Smirchich & Stubbart, 1985）。然而，也有一些学者对持这一观点的研究进行质疑，他们认为，将外部环境主观化的研究中，缺乏与客观标准的对比分析，因为这些研究中对环境的主客观测度是不相关的，需要对此作更多的解释（Downey, Hellreigel & Slocum, 1975）。此外，由于有限理性的存在，管理者的认知是有局限性的（Simon, 1955），他们对环境的感知也会局限于仅仅在职责范围内产生影响的要素（Aldrich, 1979）。在这之后，既有学者试图将企业外部环境的感知与客观视角融合进同一个研究框架（Tung, 1979），也有研究持调和的论调，认为对于企业外部环境的研究之争不应该停留在测度应该是主观还是客观这一问题上。因为从战略管理的立场来看，无论主观还是客观环境，都是真实的且与企业战略决策相关的（Bourgeois, 1981; Tan & Litschert, 1994），客观环境与企业对于领域选择的基本战略决策相关，而对环境的感知则是对接下来在领域内如何发展的战略决策的前提投入（Tan & Litschert, 1994）。

然而，不论对组织战略决策起作用的环境是客观的还是感知到的，都是对环境的变化方向、速率以及环境中资源的丰富性、竞争激烈程度的刻画，这两类环境要素通常被区分为环境动态性与环境敌对性（Dess & Beard, 1984; Child, 1972）。因此，笔者将从这两个因素入手，对企业二元性知识搜索的决策选择过程中外部环境的作用进行综述。

1. 环境动态性

环境动态性（environmental dynamism），也称环境不确定性（environmental uncertainty），是对环境要素的变化程度和可预测程度的描述（Thompson, 1967; Dess & Beard, 1984; Sharfman & Dean, 1991; Tan & Litschert, 1994; Tan & Tan, 2005; Wang & Li, 2008），它可以具体分为市场不确定性与技术不确定性（Joworski & Kohli, 1993; Su et al., 2013）。市场不确定性是指市场需求和偏好的数量、速度以及可预测性的变化（Tsai & Huang, 2008; Akgün et al., 2007）；而技术不确定性则是指技术变化的速度和不可预测性（Joworski & Kohli, 1993; Tsai & Huang, 2008; Lichtenthaler, 2009）。

不同的理论视角下，研究者们对环境动态性和企业知识搜索策略选择的关系也持有不同的观点。持资源观的学者们认为，环境是信息的来源（Duncan, 1972; Lawrence & Lorsch, 1967; Tung, 1979; Tan & Litschert, 1994），也是稀缺资源的来源（March & Simon, 1958; Pfeffer & Salancik, 1978），企业需要通过知识搜索从环境中获取有利资源。动荡的环境除了带来快速变化和不可预测之外，还会产生额外的市场与技术机会（Sharfman & Dean，1991；Schilke，2014）。因此，在动荡的环境中，企业更应该通过外部或远程知识搜索来占据更多的稀缺资源。已有实证研究表明，企业面临的外部环境动态性（包括市场动态行与技术动态性）越高，企业越会重视外部的远程知识搜索，通过包括外部知识宽度搜索（Guo & Wang，2014）、跨边界搜索也即远程搜索（Wang & Li，2008）、建立战略联盟（Roberson & Gatignon，1998）、开放式创新搜索（Drechsler & Natter，2012）等方式，以帮助企业获得更多有潜在商业价值的知识和资源。此外，通过搜索获取的远程知识需要与企业已有知识基础中的相关知识进行重新组合才能发挥作用（Cohen & Levinthal，1990；Leiponen & Helfat，2010），企业需要同时进行一定程度的本地搜索以锁定适合的内部知识，从而与搜索到的新知识加以组合产生新的问题解决策略。因此，环境动态性会在一定程度上促进企业的二元性知识搜索策略。

然而，从交易成本理论的视角来看，企业的交易成本包括搜索成本、议价成本、契约监管成本（Boerner & Macher，2002），当环境动态性加剧时，企业跨边界进行知识搜索、定位与识别有商业价值的知识的成本会大大提高，同时，从外部渠道获取知识时的议价成本以及对战略联盟等外部合作方式的契约监管成本也会提升（Guo & Wang，2014），从而提高企业的交易成本。因此，有研究认为，在环境动态性较高的情况下，企业会更加倾向于选择内部的本地知识搜索和内部研发（Cho & Yu，2000），尽管这种方式产生的新知识的数量和质量都会比较有限。即使企业会开展远程搜索，也会因为控制成本的需求而削弱对本地搜索的依赖。再加上有限理性的存在（March & Simon，1958），持交易成本理论的学者认为环境动态性会让企业无暇进行二元性知识搜索。

2. 环境敌对性

环境敌对性（environmental hostility），也称环境对抗性（environmental rivalry），或环境威胁性（environmental threat），是对环境中的资源丰富程度（March & Simon，1958）、资源可得性（Child，1972；Mintzberg，1979）以及环

境中的竞争激烈程度（Mintzberg, 1979；Sharfman & Dean, 1991；Guo et al., 2015）的描述。

现有的研究在探讨环境敌对性对企业知识搜索战略选择的影响时，也出现了分歧。一些研究认为，在市场竞争激烈、环境较为敌对的情况下，在知识溢出的背景下，创新成果会有被模仿的风险，即使是领域内的领先者也会有模仿追赶者的可能（Ross & Sharapov, 2015）。比如竞争激烈的智能手机领域的市场领导者——苹果，尽管其 CEO（首席执行官）曾对外宣称说苹果不会做大屏手机因为这样的手机不会被市场接受，但两年后，苹果在三星大屏智能手机大获成功的压力下做出妥协，对其进行模仿并开始推出大屏手机（Ziegler, 2010）。因此，在环境敌对性较强的情况下，企业为减少被他人模仿而失去核心技术和竞争力的风险，其远程跨边界搜索或外部合作的意愿会被抑制（Wang & Li, 2008；Guo & Wang, 2014），会更加倾向于依赖本地搜索和内部研发（Pisano, 1990），采取一元性的知识搜索策略。已有实证研究表明，市场预期提高、市场竞争更激烈，会让企业广泛开展远程知识搜索的意愿被削弱，反而增加对现有知识来源渠道的重复和深入利用（吴晓波等，2008）。

而与此同时，也有学者持与之相反的观点，认为资源的匮乏、竞争的激烈，使得企业需要比竞争对手更加迅速地推出新产品以抢夺消费者资源，获得竞争优势。而开放式创新理论就是以施乐公司为例，建议企业通过远程搜索整合外部资源（Chesbrough, 2003）。整合后的外部资源，可以通过企业的本地搜索，与相关的内部知识进行匹配和重新组合，产生新的知识，从而减少新产品开发的时间。

2.4.3 小结

企业知识搜索的前因，尤其是二元性知识搜索的前因，是以往研究中常常被忽视的问题（Jansen, Van den Bosch & Volberda, 2006；Guo & Wang, 2014）。但是，企业的知识搜索策略的选择究竟受到何种因素的影响确实是值得研究和探讨的。因此，本小节从企业内部、外部环境两个角度，分冗余资源、吸收能力、环境动态性、环境敌对性四个方面，对企业知识搜索战略选择的前因进行了综述。通过这一小节的综述，可以得到以下几点结论：

第一，虽然已有研究从组织结构、组织情景、高管团队这几个方面，对组织二元性战略选择的前因进行了较为全面的综述和归纳（Raisch & Birkinshaw, 2008），但是，该归纳依然不可避免地忽略了两个非常重要的影响因素，那就是组织的冗余资源和吸收能力。组织冗余被认为是一种过剩的资源，这种资源能够为企业提供缓冲，帮助高管团队实施战略改革，但是过多的冗余资源会给企业带来负面影响。此外，组织冗余的类型是多元的，且不同类型的冗余资源对企业的战略选择可能存在不同的作用（Singh, 1986；Tan, 2003），因此，需要进一步打开组织冗余的黑箱进行检视。吸收能力作为企业对知识的获取、吸纳、转化、利用的一种动态能力（Zahra & George, 2002），对企业不同知识搜索策略的作用也不相同（Guo & Wang, 2014；Guo et al., 2015），尚且存在不一致的观点。因此，进一步对组织冗余和吸收能力对企业战略决策，尤其是知识搜索策略选择的影响展开实证研究，是十分有必要的。

第二，不论是作为客观存在还是主观感知的环境，其变化方向、速率以及环境中资源的丰富性、竞争激烈程度，都会对企业的战略决策起到一定的作用，对企业的知识搜索策略也是如此。环境要素根据上述描述，可以划分为环境动态性与环境敌对性。资源观与交易成本理论对环境动态性和企业知识搜索策略的关系给出了不一样的预测和实证结果，持资源观的学者认为，环境是资源的来源，环境动态性的加剧恰恰会催生更多的机会，因此，企业在动荡的环境中会倾向于扩大外部知识搜索宽度、加强本地搜索和远程搜索、建立战略联盟等等；而交易成本理论则认为，随着环境动态性的加剧，企业的知识搜索成本也会大幅提高，为了控制成本，企业会缩减知识搜索的范围和深度。而环境敌对性较强，竞争较为激烈的环境，也会对组织的知识搜索策略带来不同的选择，而且在以往的研究中也得到了实证依据。因此，在探讨企业知识搜索的前因的同时，将环境动态性和环境敌对性的作用考虑进来，并检验它们在其中扮演的角色，也是很有必要的。

2.5 知识搜索与企业绩效

企业的绩效是企业管理者们非常关心的问题，毕竟企业经营的最终目标就是实现利润最大化。而知识搜索是否会通过赋予企业某种选择优势、帮助企业适应环境来提高企业绩效，也是组织理论关注的问题（李强，2013），不同流派的理论给出了不同的视角。演化经济学将企业看作是一个从周围环境中汲取资源并消化吸收从而实现生存与发展的生物体，对本地或远程的知识的搜索和吸收能给企业带来丰富的“养分”，从而实现与原有技术和知识的新组合（Nelson & Winter，1982；Stuart & Podolny，1996）；资源观认为资源是企业赖以生存的基础（Wernerfelt，1984；Barney，1991），企业在不同时期面临着不同的待解决问题，因此，企业需要不断地进行知识搜索以获取所需的资源来完成问题解决的过程（March & Simon，1958）；组织学习理论则更是坚持组织需要不断地搜索各种类型的知识、不断地进行学习，来完善组织惯例、提高企业绩效（Levinthal & March，1993；Laurson & Salter，2006；Zhou & Wu，2010）；此外，开放式创新（Chesbrough，2003）也从提高企业绩效的角度对知识搜索、获取、利用提出了要求。虽然各个理论流派从不同的视角解释了知识搜索与创新绩效的关系，但是不难看出，这些理论都对企业内部资源与外部环境在这个过程中的作用给予了重视。

因此，本小节在回顾知识搜索策略，尤其是二元性知识搜索策略对企业绩效的影响的同时，也将对组织所占有的资源（体现为组织规模）与外部环境的调节作用的文献进行回顾。

2.5.1 二元性知识搜索策略

有学者认为，企业的动态能力扎根于组织二元性的实现过程中（Ancona et al.，2001），因为动态能力同时包含并整合了静态与动态的部分，通过二元性的战略决策或行动以及时间的推移，组织二元性中的两种截然不同的决策或行动也逐渐促成了动态能力的形成（Schreyoegg & Kliesch – Eberl, 2007）。也有研究认为，组织二元性本身就是一种动态能力，实现组织二元性的能力来自于企业的动态能力（Teece, Pisano & Shuen, 1997; Eisenhardt & Martin, 2000），前提是二元性中的两种不同的行动可以被战略性地整合（O'Reilly & Tushman, 2008）。二元性知识搜索策略作为组织二元性的一种表现形式，既构成了企业的动态能力，也是企业动态能力的一种外在体现。动态能力对企业绩效的影响的研究多见于组织联盟管理能力（Sluyts et al., 2011; Schilke, 2014）与新产品开发能力（Subramaniam & Venkatraman, 2001; Lawson & Samson, 2001; Danneels, 2008; Schilke, 2014）等，却缺乏对组织二元性（O'Reilly & Tushman, 2008），特别是知识搜索二元性的探讨。

尽管长期以来，学者们认为组织二元性是企业长期绩效的关键驱动因素，也有越来越多的研究涉及组织二元性，但直接探讨组织二元性，特别是知识搜索二元性对绩效的影响的实证研究仍然比较缺乏（Raisch & Birkinshaw, 2008），即使是有关于知识搜索二元性的文章，也较为集中探讨探索式—利用式搜索二元性（Rothaermel & Alexandre, 2009; Zhou & Wu, 2010）。卡蒂拉和阿胡加（2002）采用全球机器人制造企业的专利数据，构造了宽度搜索和深度搜索的变量，由于宽度搜索测度的是企业尚未涉足的技术领域的比例，深度搜索测度的是过去几年中重复使用的技术的比例，因此，也常被看作是探索式搜索与利用式搜索的代理变量（Raisch & Birkinshaw, 2008）。在这项研究中，他们曾验证过搜索深度和宽度的交互（乘积项）对企业绩效（新产品数量）的积极影响，而二元策略的乘积项在之后的研究中被视作以正交视角看待的联合二元性（combined dimension of ambidexterity, Cao et al., 2009; Cao & Simsek, 2010）。因此，虽然卡蒂拉和阿胡加（2002）在研究中并未正式提出知识搜索二元性的概念，但是其测度方法为之后的组织二元性研究提供了经验和依据（He & Wong, 2004; Gupta, Smith & Shalley, 2006; Cao et al., 2009）。罗森科夫和尼尔卡尔（2001）根据欧美日韩光盘制造企业专利知识搜索是否跨越组织和技术边界，验证了相比仅在组织和技术领域内部开展本地搜索，本地与远程搜索并重的二元性知识搜索策略对绩效有更大的正向影响。这篇文献虽然没有提出本地—远程知识搜索二元性的概念，但是其对企业知识搜索行为采用的类型学划分方法也在之后的有关知识搜索二元性的研究中得到了应用（Russo & Vurro, 2010）。以上这些研究的结果均证实了二元性知识搜索策略对企业绩效存在正向影响，这也与之后研究二元性的绩效影响的文献保持一致（He & Wong, 2004; Cao et al. , 2009）。

虽然关于本地—远程搜索二元性的绩效研究的文章很少，但是已有文献研究过，过多的本地搜索或远程搜索都会对企业绩效不利，王和李（Wang & Li, 2008）曾经用美国上市公司的专利数据和财务数据对此进行了验证。他们认为，由于委托—代理问题（Jensen & Meckling, 1976）的普遍存在，经理人的决策可能会偏离公司价值最大化的方向。经理人的决策可以是风险偏好的，也可以是风险规避的（Wiseman & Gomez - Mejia, 1998），相对应地，经理人有可能会进行过度的远程搜索（McClelland, 1961; Wang & Li, 2008）或过度的本地搜索（Holmstrom, 1979; Amihud & Lev, 1981; Holmstrom & Milgrom, 1987; Wang & Li, 2008）；此外，管理者容易陷入过去的成功经验中，对自己可以掌控的结果过于乐观（Heaton, 2002），从而做出过度的本地搜索，而错过了外部机会（Staw, 1981），或是对外部形势估计有误而失利（Simon & Houghton, 2003）。过度的本地搜索和远程搜索都是对稀缺的企业资源的不恰当使用，过度的本地搜索有可能会让企业失去行业中的领先地位（Tushman & O'Reilly, 1996），而过度的远程搜索也被证实会给企业带来高昂的成本（Caves et al. , 1980; Montgomery, 1982; Wang & Li, 2008）。因此，以上结论给出了这样的启示：企业在做好一元的本地或远程知识搜索的同时如果仍有余力，可以将资源和精力投入与之相对但互补的知识搜索中，实现知识搜索的二元性。因为二元性是对两者的合理平衡，能够实现优势互补，劣势抵消，从而提高企业绩效。同时，也表明了本地—远程知识搜索二元性的绩效研究急需更多的实证支撑。

尽管现有的关于组织二元性，包括知识搜索二元性的研究，大多认为对企业绩效有正向影响，但是组织二元性的绩效研究仍然存在争议和局限

(Raisch & Birkinshaw, 2008)。文卡特拉曼等（2007）用 1 005 家软件公司的样本研究了组织二元性对企业绩效的影响，但是与之前研究相反的是，他们的这一假设并没有得到验证，而是发现企业在探索和利用之间的循环交替反而会对企业绩效有积极的作用，也即，相比二元性策略，在不同的时期交替采取不同的一元性策略更有利于企业提高绩效。

2.5.2 企业规模

企业规模与创新的能力和倾向的关系是政治经济学中一个古老的问题(Harrison, 1994)，在熊彼特对企业规模的两个相对立的假设的启发下(Schumpeter, 1934; 1942)，这个问题被广泛讨论，但是依然存在争议，未有定论（Tether, 1998)。

首先，资源观理论认为，企业规模是企业所占有的且可以即刻投入使用的资源的一个强有力的表现。与小企业相比，规模越大的企业更有可能拥有更大的资源基础以供其挑选（Penrose, 1959; Chen & Hambrick, 1995)；同时，规模越大的企业会拥有相对更多技术、资金上的冗余资源，而冗余资源可以缓冲风险和动荡对绩效带来的破坏（Bourgeois, 1981)。舍雷尔（Scherer, 1965）曾用企业专利数据和财务数据证实企业规模（销售额）和创新绩效（新专利数量）之间有正向的关系，并认为规模越大的企业会拥有更多的动机和资源，从而能够产出更多能够市场化的专利发明。曹等（Cao et al., 2009）也从资源观的角度对企业规模的作用进行了假设，并采用问卷数据，验证了企业规模对企业平衡二元性、联合二元性以及两者的交互作用与企业绩效之间的正向关系。

其次，规模更大的企业会拥有更强大的学习能力和动机（Almeida, Dokko & Rosenkopf, 2003)。为了要把外部吸收来的知识吸收并内化成自身的知识，企业需要调动已有的组织资源和管理能力（Dyer & Nobeoka, 2000)。一方面需要定位到内部知识基础中已有的且与外部获取或内部产生的知识相匹配的部分；另一方面企业需要发挥知识管理的能力，将现有的匹配知识与新获取或新产生的知识进行重新组合以产生创新性的知识（Cohen & Levinthal, 1990; Leiponen & Helfat, 2010）。除此之外，知识的复杂性和缄默性，也对处理知识的内部组织结构提出了更高的要求（Sakakibara & Westney, 1992），为了能够完成这一系列知识的吸收、转化、利用的流程，企业需要建立特殊的内部组织机制、流程和系统来连接并协调不同的部门。阿尔梅达、多科和罗森科夫（2003）采用专利数据对半导体行业中的新创企业进行了研究，并证实了规模越大的新创企业越有可能向其他企业展开外部学习。

第三，有研究发现，企业规模还会增加企业向外部学习的机会，因为规模更大的企业会拥有更广阔的市场、技术和地理范围（Patel & Soete, 1987），从而获得与外部环境更多方面的接触。而随着企业活动的范围拓展，大企业能够通过各种正式与非正式的机制（Almeida & Kogut, 1997），接触到多领域的智慧成果，将自己作为知识的综合体现的专利成果用于交换或出售（Von Hippel, 1994; Almeida, Dokko & Rosenkopf, 2003）。因此，大企业会获得更多学习的机会。波特（Porter, 1990）的研究建议，跨国公司可以通过将子公司设在知识密集的区域来获得所需的知识，因为作为企业规模扩大的一种方式，企业的地理范围拓展对组织学习有很大的帮助。

然而，并不是所有研究都认为企业规模对企业的绩效有积极的作用。高阶理论（upper echelon theory）持与资源观相反的观点，并不认为企业规模是企业资源的一种体现，而是将企业规模看作是一种惰性势力（Xie, 2014）。高阶理论定义管理自主权（managerial discretion）为"高管人员所拥有的在战略决策中的选择自由度"（Finkelstein, 2009: P. 44），并认为管理自主权对于企业战略决策和企业绩效有一定的作用，而影响管理自主权的因素之一便是企业规模。谢（Xie, 2014）在其研究中，对企业规模的负面作用进行了论述。第一，企业规模越大的企业，会存在越多的组织惰性（Hannan & Freeman, 1977），这种组织惰性会让企业不再热衷于学习新的知识，而是依赖于经验学习（Levinthal & March, 1993）。经验学习使得企业将目光聚焦于与现有的经验相似相近的知识和技术，虽然以往成功的经验使得这些本地知识具有一定的价值，但是，长期过度依赖本地搜索而忽略了远程知识的搜索，会造成企业的短视（Levinthal & March，1993），也会使本地知识的优势和重要性逐渐丢失，对企业绩效带来危害。而在这种巨大的组织惰性下，高管人员的管理自主权也会受到影响，他们对企业决策的影响力会被削弱，即使他们的决策被采纳，也容易在执行的过程中出现偏差（Almeida，Dokko & Rosenkopf，2003；Xie，2014）。第二，大规模的企业通常也会有更多的结构层级（Nelson & Winter，1982），可能会带来更为烦琐的决策流程（Nahavandi & Malekzadeh，1993；Papadakis，2006），而不同于小企业的较为扁平化和灵活好调度，这也会给管理自主权带来负面影响，并有可能影响决策的执行过程和结果。

然而，在这种尚存争议的背景下，将企业规模作为一种前因或情境的研究依然很少（Veugelers，1997；Almeida，Dokko & Rosenkopf，2003；Xie，2014），大部分的研究都将其作为控制变量（Martin & Mitchell，1998；Kriaucinunas & Kale，2006；Zhou & Wu，2010；Laursen & Salter，2014；Cruz – Gonzalez et al. ，2015），因为这些研究也意识到，企业规模对绩效确实会产生影响，虽然这种影响的具体方向有待证实。

2.5.3　外部环境

组织理论的一个关键特征就是对企业外部环境的重视，一些学者认为，企业所面临的商业环境中的动态性和竞争性是组织二元性的一个重要边界条件（Gibson & Birkinshaw，2004；Siggelkow & Levinthal，2003；Volberda，1998；Raisch & Birkinshaw，2008）。利文索尔和玛驰（1993）就曾以理论归纳的方法，预测了环境动态性和竞争性（敌对性）对组织二元性与企业绩效之间关系的调节作用。在组织通过执行战略决策对绩效产生作用的过程中，不能忽视外部环境的影响，因为环境是信息和稀缺资源的一个来源（Duncan，1972；Lawrence & Lorsch，1967；Tung，1979；Tan & Litschert，1994；March & Simon，1958；Pfeffer & Salancik，1978），也是企业开展各种战略活动的背景和情境（Tan & Litschert，1994；Raisch & Birkinshaw，2008）。企业战略是一种有规划的决策组合，它聚焦于一系列的资源配置，并试图达到与企业环境保持匹配的水平（Mintzberg, 1973）。战略选择视角也认为，企业战略、组织结构和工艺流程必须与外部环境相匹配，而且外部环境的特征和条件是会随着时间而变化的（Thompson, 1967; Child, 1972），因此，想要取得更好的绩效，企业制定的战略决策必须与外部环境动态匹配（Venkatraman & Prescott, 1990; Tan & Litschert, 1994）。

1. 环境动态性

环境动态性是对环境要素的变化程度和可预测程度的描述（Thompson, 1967; Dess & Beard, 1984; Sharfman & Dean, 1991; Tan & Litschert, 1994; Tan & Tan, 2005; Wang & Li, 2008; Guo & Wang, 2014），具体可分为市场不确定性与技术不确定性（Joworski & Kohli, 1993; Su et al. , 2013）。

环境动态性作为一种情境，它对战略或策略选择与绩效关系的影响也是权变的，也即是说，环境动态性对不同的战略选择的效果有着不同的调节作用。冈萨雷斯等（Cruz-Gonzalez et al. , 2015）对西班牙 248 家高科技制造业企业进行了问卷调查和实证分析，以检验环境动态性对外部知识搜索宽度和深度与企业绩效的调节作用。他们发现，在较为稳定的环境中，搜索宽度对企业绩效有正向影响，而搜索深度则会对企业绩效有负面影响；而在较为动荡的环境中，这两组关系则正好相反。王和李（2008）对在美国上市的制造业企业通过二手数据进行了实证研究，证实过度的探索式搜索和利用式搜索都会给企业的绩效带来负面影响，但是，在环境动态性的作用下，负面影响会有不同的变化，即在高环境动态性下，过度的利用式搜索对企业绩效的负面影响会更加严重，但过度的探索式搜索的负面影响会被削弱。此外，詹森、博什和沃贝尔达（Jansen, Van den Bosch & Volberda, 2006）通过对欧洲一家大型金融服务企业中的各个战略事业部进行的问卷调查，证实了环境动态性正向调节探索式创新和财务绩效的关系，同时，负向调节利用式创新与财务绩效的关系。

以上这些研究验证的都是环境动态性的线性调节作用，但也有研究证实，环境动态性还存在着非线性的调节作用。席尔克（Schilke, 2014）通过一个时间跨度达三年的问卷调查，对来自化学、机械、汽车行业中的联盟企业展开了研究，最后他证实，只有在适当水平的环境动态性下，企业的动态能力才能带来最佳的竞争优势，较低或较高的环境动态性下，竞争优势都不会达到最优。

综上所述，尽管现有研究中对环境动态性的讨论较多，但是环境动态性因为其本身的复杂性，对企业战略决策和绩效的关系有着较为复杂的影响。因此，在未来的研究中，依然很有必要适时地考虑环境动态性作为情境的作用。

2. 环境敌对性

环境敌对性是指环境中的资源丰富程度（March & Simon，1958）、资源可得性（Child，1972；Mintzberg，1979）以及环境中的竞争激烈程度（Mintzberg，1979；Sharfman & Dean，1991；Guo et al.，2015）。

与环境动态性相类似，环境敌对性也可以作为一种情境，对企业的战略选择，包括知识搜索策略选择的绩效作用，产生权变的影响。詹森、博什和沃贝尔达（2006）对欧洲某大型金融服务企业战略事业部的研究也验证了环境敌对性（竞争激烈程度）的调节作用，他们的实证结果表明，环境敌对性负向调节探索式创新和财务绩效的关系，同时正向调节利用式创新与财务绩效的关系，与上一小节中提到的他们的同一研究中环境动态性的调节作用刚好相反。在谭和利斯切特（Tan & Litschert，1994）对中国电子制造行业的实证研究中，他们也证实了环境敌对性对不同战略选择的作用，以及战略选择的绩效作用。具体来说，他们发现，对处于计划经济转型时期中的企业来说，高环境敌对性会促使它们选择防御导向的战略，而不是主动性的、更具挑战性的未来导向的战略，而防御导向的战略会带来更高的收益和总体绩效。此外，拉驰和霍特兹（Raisch & Hotz，2010）在检验探索性、利用性战略活动及其二元性对企业绩效的影响时，也引入了不同程度的环境敌对性（侧重资源和机会的丰富性），他们发现，在高水平的环境敌对性中，探索性的战略活动对绩效有正向的作用，但是，在低环境敌对性中，二元性的战略活动对绩效的影响并不显著。

虽然在一些实证研究中，学者们讨论了环境敌对性的作用，但是在更多的研究中，学者们还是倾向于使用环境动态性，而将环境敌对性作为控制变量（Wang & Li, 2008；Guo & Wang, 2014；Guo et al. , 2015；Ross & Sharapov, 2015）。因此，在企业战略选择，尤其是知识搜索策略选择，与企业绩效关系的研究中，很有必要引入环境敌对性这一情境。

2.5.4 小结

知识搜索行为是否会给企业绩效带来影响，带来什么影响，是组织管理领域各个理论都有涉及的问题。本节受多个理论视角的启发，从知识搜索行为本身、企业内部资源以及外部环境这几个方面对企业绩效的影响出发，对现有文献进行了回顾、综述和归纳。通过对这三方面的综述，可以得到以下几个结论：

第一，现有文献虽然有直接探讨组织二元性或知识搜索二元性的绩效影响，但是主要集中于探索式和利用式搜索，缺乏对其他形式的知识搜索二元性的研究。而且，现有的关于组织二元性的研究中，对二元性的绩效影响存在争议，尽管大部分的研究都证实二元性对绩效有促进作用，但是依然不乏持相反观点的实证研究。此外，过度的本地搜索和远程搜索都已经被实证研究证实对企业绩效存在负面影响，但是却缺乏直接对二者的二元性影响的研究。因此，直接对本地—远程搜索二元性的绩效影响展开研究是很有必要的。

第二，在研究企业知识搜索决策的绩效影响的同时，需要考虑企业规模在其中的调节作用。企业规模对企业绩效的作用是组织经济学中一个古老的问题。资源观认为，企业规模往往代表了企业所占有的资源、外部联系以及学习机会，企业规模对企业知识搜索行为的效果有一定的促进作用，然而某些研究却对此持相反论调，认为增大会带来企业惰性、复杂的决策流程、艰难的决策落实，反而会给绩效带来负面影响，比如高层理论相关的研究。而现有研究虽然有一些考虑了企业规模的作用，但是更多的研究都还是把企业规模作为控制变量，他们虽然意识到企业规模对企业的影响，但是缺乏对企业规模作用的直接研究。因此，需要加强对企业规模的影响研究。

第三，除了企业规模，还需要将企业所面临的外部环境纳入研究范围中。因为，企业的战略决策，尤其是知识搜索策略，是在一定的环境中展开的，环境的动态性和敌对性都会对这一过程产生影响。而环境对企业战略执行和绩效的关系的影响是权变的，也即，对不同的战略有着不同的影响，不可一概而论，而是需要具体问题具体分析，在分析企业的知识搜索策略的绩效影响时，也不例外。此外，环境对企业战略决策的绩效影响的作用是比较复杂的，既可能是线性的影响，也有可能存在非线性影响，因此，需要在具体的研究问题中加以明确并验证。

2.6 本章小结

综上所述，本书的文献综述主要对相关的理论和概念进行了回顾和归纳，梳理出一条理论发展脉络，并总结出了一些研究不足和可能的研究点，如下所述：

首先，笔者先是对企业知识搜索领域的中英文文献进行了搜集、整理、统计、归纳、比较，继而明晰本领域的发展历程、研究热点、主要研究方法和未来研究趋势；其次，笔者对现有文献中常见的知识搜索策略分类进行了回顾，并对常常被混淆的本地—远程搜索和探索—利用、探索式—利用式搜索进行了比较和区分；在逐渐将研究视野聚焦于本地—远程搜索上之后，笔者采用组织二元性这种研究范式，对现有文献中以二元性视角看待企业知识搜索的相关文献进行了回顾。在这个过程中，笔者发现，现有研究对组织二元性的研究过于集中于探索和利用，而对企业知识搜索二元性的研究也相应地过于集中于探索式—利用式搜索，缺乏其他形式的知识搜索二元性研究。因此，需要对更多元化的知识搜索二元性进行研究，比如本地—远程搜索二元性，从而对组织二元性概念进行拓展，这也与一些学者的建议保持了一致（Raisch & Birkinshaw，2008）。

第二，现有文献中，即使是有关于企业知识二元性的研究，也往往着眼于单一维度的边界区域，或跨界搜索行为（也称边界拓展搜索），而缺乏多种边界的比较。企业的本地—远程搜索根据知识的来源，可以用组织边界、技术边界、地理边界、制度边界等加以区分所获取的知识是来自本地还是远程。现有研究已经明确，本地和远程知识往往具有很大的区别，对两种知识进行搜索所需的能力与要求也是不同的，而且已有研究结合两个维度的边界，证实了边界拓展搜索行为对绩效的促进作用。但是，对不同的边界区域来源的知识进行搜索的能力和策略选择，有可能对同一因素有不同的敏感度，但尚未有研究对此开展比较分析。

第三，虽然现有的关于组织二元性或知识搜索二元性的研究对前因展开了一定的讨论，但是这些前因研究集中于探讨组织内部情境、组织结构以及企业高管团队的作用，而忽略了组织内部的冗余资源和吸收能力的作用。交易成本理论和资源观对吸收能力作为知识搜索策略选择前因的作用有相反的论调；且冗余资源有不同的类型，而这三种类型对组织的战略选择也可能起到不同的作用。因此，非常有必要在本次的研究中通过对吸收能力作用的验证，检验哪一种理论在该情境下更具解释力；也很有必要在研究组织冗余作为一个整体时的作用，进一步打开组织冗余的黑箱，检验不同类型的冗余是否扮演着不同的角色。

第四，组织二元性的绩效研究存在争议和局限。首先，组织二元性的绩效研究的结果存在不一致的实证结果，这说明，二元性不一定会对企业绩效有正向的影响，究竟是应该采取二元性的策略，还是在不同的时间段实行不同的一元性策略，仍需要更多的实证研究来对不同情境下不同的样本进行检验。而作为组织二元性的表现形式之一的企业知识搜索二元性，尤其是本地—远程搜索二元性，也需要进行更多的绩效研究。

第五，外部环境因素在企业的战略决策和决策实施过程中起到的作用是不可忽视的，而环境的这种调节作用是权变的。通过文献回顾，笔者发现，在知识搜索策略选择的过程中，不同水平的环境动态性和环境敌对性，会导致企业做出不同的战略选择；而在决策执行的过程中，环境因素的不同水平也会对不同策略的具体实施效果产生作用。此外，这种作用可以是线性的，也可以是非线性的。总之，外部环境对企业的作用是复杂且权变的，不可一概而论，需要在具体的实证研究中进行检视。

以上几点便是对企业知识搜索研究领域中理论脉络、研究情境的回顾和总结，同时也指出了现有研究的不足，并指向了本书的研究问题，即：企业本地—远程知识搜索二元性的前因与绩效研究——组织内外部因素的作用与边界比较。文献综述的发展脉络及研究问题的形成过程如图 2－2 所示。

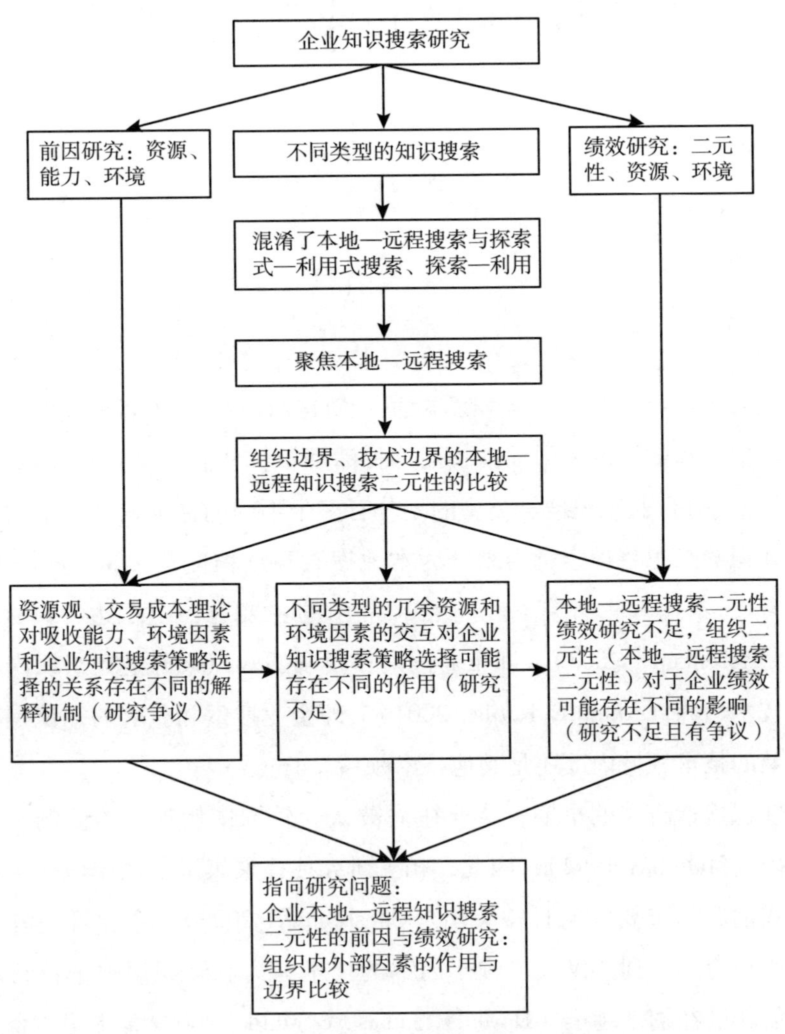

图 2－2　文献综述的理论脉络和研究局限

第3章

企业吸收能力与外部环境对知识搜索策略选择的影响机制研究

3.1 引言

企业为了学习新技术、开发新产品、创建新流程、寻求新市场，会开展一系列的信息和知识的搜寻活动，而这种活动被称作企业知识搜索（Sidhu et al., 2007）。对企业知识搜索类型的划分有多个不同的标准，而其中的一种便是根据知识的来源将搜索行为划分为本地搜索与远程搜索（Nelson & Winter, 1982）。区分本地和远程有若干标准，常用的主要有：组织边界（Almeida, Dokko & Rosenkopf, 2003），即企业搜索和获取的知识来源是在组织内部还是外部；技术边界（Ahuja & Katila, 2001），即企业搜索和获取的知识是来自于企业所处的技术领域内部还是其他技术领域。

在知识搜索研究的早期，企业往往被认为较为依赖现有的惯例、经验和知识基础（Malerba, 1992），因此，相关研究往往聚焦于本地知识搜索。而随着开放式创新的重要性的日益突出（Chesbrough, 2003），企业管理者与学者们都开始纷纷意识到，仅仅依赖于内部的技术能力和知识搜索进行新产品和新工艺创新已经越来越难（Howells, James, & Malik, 2003），于是，企业远程知识搜索开始得到更多的关注。本地搜索与远程搜索各有利弊，但在一定程度上，两者可以互补。本地搜索具有低成本、低风险的优势，可以适当缓冲远程搜索带来的高风险、高不确定性（Pisano, 1990; Stuart & Podolny, 1996），而远程搜索让企业有机会接触到并吸收多样化的知识，开阔视野和思路，弥补本地搜索可能会带来的短视（Levinthal & March, 1993），避免企业陷入核心僵化和能力陷阱（Leonard – Barton, 1992; Levitt & March, 1988）。因此，本地搜索与远程搜索兼而有之，会比单一的知识搜索表现出更多优势，企业在何种情况下会同时开展本地与远程搜索则显示出了重要的研究意义。

随着组织二元性研究范式的兴起和广泛讨论，企业知识搜索的研究也开始出现二元性视角（Katila & Ahuja, 2002）。组织二元性是指企业能够同时开展两种截然不同甚至会相互争夺资源的战略行为的活动（Tushman & O'Reilly, 1996），同理，本地—远程二元性知识搜索是指企业同时开展本地搜索与远程搜索这两种截然不同的知识搜索活动的行为。本书关注的便是组织边界和技术边界上的本地—远程二元性知识搜索策略选择倾向，并试图回答在何种情况下企业会更倾向于选择二元性本地—远程知识搜索策略。

以往研究中，本地—远程搜索常常被等同于探索式—利用式搜索或直接被看作是探索—利用（Fleming, 2001; Rosenkopf & Nerkar, 2001; Katila & Ahuja, 2002; Benner & Tushman, 2002; Fleming & Sorenson, 2004; Wang & Li, 2008; Kim & Park, 2013），从而缺乏应有的关注度。这三者之间虽然有一定的联系与共性，但严格来说还是有区别的，应该加以区分。简单来说，根据玛驰（1991）对探索和利用的定义与分类，知识搜索是探索与利用这对概念下的一个分支与一种表现形式；而且，探索和利用关注的是知识的用途与使用情境，而知识搜索关注的是知识的来源。所以，不论是本地—远程搜索还是探索式—利用式搜索都不完全等价于探索—利用。本地—远程搜索的区分标准是知识的来源究竟是边界内还是边界外（Cyert & March, 1963; Rosenkopf & Almeida, 2003; Afuah & Tucci, 2012; Kriauciunas & Kale, 2006），而探索式—利用式搜索的区分标准则是知识的来源究竟是陌生的领域还是熟悉的领域（Fleming, 2001; Russo & Vurro, 2010）。因此，明确本地—远程搜索及其二元性，并从而开展研究，有利于区分以往被混淆的概念和关系，并丰富本地—

远程知识搜索的研究，拓展组织二元性的研究范围。

以往虽然有不少关于企业知识搜索的研究，但是这些研究大多聚焦于知识搜索对企业绩效的影响（Koput, 1997; Katila & Ahuja, 2002; Laursen & Salter, 2006; Rosenkopf & Nerkar, 2001），虽然组织二元性的前因有一些研究涉及，但是这些研究大多聚焦于组织结构、高管团队、信念感知等（Raisch & Birkinshaw, 2008）。知识具有缄默性的特征（Howells, 1996），如何获取、领悟、应用这些缄默知识，是对企业自身能力的一种挑战。而吸收能力作为企业对知识的获取、吸纳、转化、利用的能力，在企业对缄默知识的处理中起到了至关重要的作用（Zahra & George, 2002）。因此，探究吸收能力对企业知识搜索策略选择的作用是本书的一个重点研究内容。

此外，现有研究的一些结论被用于解释吸收能力对企业知识搜索策略选择的影响的时候，出现了一些相悖的结论。一些研究认为，吸收能力能够推动企业的创新搜索（Fabrizio, 2009），但是也有研究表明，在一定的条件下，吸收能力会削弱知识搜索的范围（Guo & Wang, 2014）而增加企业对搜索深度的关注（Guo et al. , 2015）。此外，企业在制定战略决策，包括知识搜索策略的过程中，离不开外部环境的影响，尤其是环境动态性和环境敌对性，但这两者对知识搜索策略选择的影响也是权变的（Cho & Yu, 2000; Drechsler & Natter, 2012; Guo & Wang, 2014; Ross & Sharapov, 2015）。

因此，本书的主要研究目的就是，用实证研究来检验吸收能力对企业本地—远程知识搜索二元性倾向的作用，以及环境因素在其中的调节作用。本章剩余部分的内容安排如下：3. 2 节给出了理论假设与概念模型；3. 3 节介绍了实证研究的数据来源和样本，以及所需变量的构造方法；3. 4 节为统计分析，包括描述性统计、相关分析、模型检验，并对假设检验的结果进行了汇总与解读；3. 5 节为本章的研究结论，并对一些有趣的发现进行了进一步讨论，接着陈述了本章的理论贡献与研究局限。

3.2　理论假设与模型构建

3.2.1　吸收能力与知识搜索策略选择

企业对各种来源的知识所进行的定位、识别、获取、整合、利用等一系列活动，组成了企业知识搜索的过程（Katila & Ahuja, 2002；Nelson & Winter, 1982；Rosenkopf & Nerkar, 2001）。吸收能力作为企业对知识获取、吸纳、转化、利用的能力（Zahra & George, 2002），贯穿了整个过程，对企业的知识搜索策略选择和实施起着不可忽视的作用。

从资源观的角度来看，吸收能力会促使企业开展二元性的本地—远程知识搜索。资源是企业发展过程中赖以生存的基础（Wernerfelt, 1984），企业在经营的过程中，会尽可能地获取并占用更多的资源，以期通过各种来源搜索并获取新知识，同时定位本地相应的旧知识，将新旧知识融合，从而产生新的知识组合，为问题解决的过程提供更多的可行方案（Cohen & Levinthal, 1990）。由于吸收能力的构建是具有路径依赖性的累积过程，而每个企业都有自己独特的知识累积路径和发展历程，因此，不同企业的吸收能力水平也是不相同的（Nelson & Winter, 2002；Gebreeyesus & Mohnen, 2013）。吸收能力更高的企业，可以更好地识别组织内外部或技术领域内外对自身有价值的、或互补的知识与信息（Leiponen & Helfat, 2010），建立与外部知识源的联系（Giuliani & Bell, 2005），从内部定位到与外部获取的知识相对应的知识，进而将两种知识进行整合，从而扩大自己的现有知识基础（Cohen & Levinthal, 1990）。因此，吸收能力高的企业会倾向于开展二元性的知识搜索活动，以获取更多的有用知识。此外，在开展二元性知识搜索的过程中，由于同时对本地与远程的知识开展搜索与获取，多样性的知识来源会不可避免地带来管理复杂性的提升与知识获取的成本的提升，但是吸收能力更强的企业在处理管理复杂性的过程中会更加从容（Leiponen & Helfat, 2010），从而受到的负面影响也会较小。

综上所述，笔者提出以下假设：

H1a：吸收能力会正向影响企业的二元性知识搜索策略选择倾向。

然而，交易成本理论的视角则给出了具有竞争性的、相反的观点。企业的交易成本可以有多种来源，包括搜索成本、议价成本、契约监管成本（Boerner & Macher, 2002）。随着二元性知识搜索策略的开展，企业知识搜索渠道的增加，搜索成本也在提升；二元性的本地—远程知识搜索过程中不可避免会向外部知识的所有者进行知识采购（Tsai & Wang, 2009），从而带来议价成本；而这个过程中产生的正式搜索行为或合作行为带来的合同、契约，也会给企业带来契约监管的成本。因此，企业在知识搜索、问题解决的过程中，为了控制成本，最直接的做法便是仅仅利用现有的内部或外部知识。对于吸收能力更强的企业来说，这种做法更加具有吸引力。因为吸收能力更强的企业，相比吸收能力低的企业来说，能够从已有的知识中提炼出更多有用的信息，并且能够利用内部或外部已有的知识，创造出更多的新的知识组合，即知识的利用率和转化率更加高，从而对通过二元性搜索策略、增加知识搜索渠道来获得所需知识的需求比较低。

因此，笔者提出以下竞争性假设：

H1b：吸收能力会负向影响企业的二元性知识搜索策略选择倾向。

3.2.2 环境因素的调节作用

企业的知识搜索策略选择很大程度上取决于知识获取和处理的情境（Klevorick et al., 1995；Levinthal and March, 1993；Katila, 2002；Cohen and Levinthal, 1990），而其中一个重要的情境便是外部环境。企业嵌入在环境中，环境是企业开展知识搜索的场景之一，同时环境中的市场变化、技术变革、竞争程度，都会对企业的知识搜索决策造成一定的影响。本章将从环境动态性和环境敌对性两方面探讨环境因素对企业知识搜索策略选择的影响。

1. 环境动态性

环境动态性，也称环境不确定性，是对外部环境的变化程度和可预测程度的描述，具体可以分为市场不确定性和技术不确定性（Thompson，1967；Dess & Beard，1984；Sharfman & Dean，1991；Tan & Litschert，1994；Tan & Tan，2005；Wang & Li，2008；Joworski & Kohli，1993）。环境变化越快、越难以预测，则环境动态性越高。

资源观认为，资源是企业赖以生存的基础，而环境则是信息、知识和稀缺资源的来源（Tung，1979；Tan & Litschert，1994；March & Simon，1958；Pfeffer & Salancik，1978），企业可以通过在组织或技术领域外的环境中进行知识搜索来获取所需要的资源。在动荡的环境中，市场快速变化、技术不断更新，虽然会带来不确定性和预测难度的提高，但更重要的，是会产生更多的市场与技术机会（Sharfman & Dean，1991；Schilke，2014）。因此，在动荡的环境中，企业更加需要通过远程知识搜索来获取更多的信息和资源，可以采纳的方式包括拓展外部知识搜索宽度（Guo & Wang，2014）、寻找互补的合作伙伴并建立战略联盟（Robertson & Gatignon，1998）、跨界远程搜索（Rosenkopf & Nerkar，2001）等等。与此同时，当企业通过远程搜索获取了需要的知识后，还需要在企业内部或技术领域内开展本地搜索，以锁定与新知识相匹配、可组合的内部知识，从而将两种知识通过一定的形式加以融合，从而产生能够解决问题的新方案，因为通过远程搜索所获取的知识需要与内部知识基础中已有的知识进行组合，才能发挥作用（Cohen & Levinthal，1990；Leiponen & Helfat，2010）。此时，吸收能力更强的企业，会更倾向于采用二元性的本地—远程知识搜索。因为，一方面，这些企业能够更快地在动荡的环境中定位到更多合适的资源，并加以吸纳、内化、利用；另一方面，能够在组织内部或技术领域内部锁定与所获取的外部知识相匹配的资源，并将两者以合理的方式进行一定的结合，以得到全新的知识，从而顺应市场和技术的变化，并抓住从中产生的机会。

此外，从信息处理的视角来看，在动荡的环境中，企业的焦虑与不安来自于所拥有的知识信息与完成特定任务所需的知识信息之间的差距（Downey and Slocum, 1975; Galbraith, 1977)，而环境动态性的加剧，会导致任务难度的增加，完成任务所需要的知识、信息、资源也会相应地增加。此时，吸收能力更强的企业会更加倾向于加大本地—远程搜索二元性的力度，通过建立更多的知识来源渠道获取更多的知识，并从新知识中得到更多的收益，从而缩小已有知识和所需知识之间的差距。此外，随着环境动态性的增加，企业对所获取的知识进行去伪存真的难度也会提升，企业更加需要从多方面多渠道获取信息对这些待甄别的知识进行多重校验（cross - validation)，而吸收能力高的企业可以更加高效地通过开展二元性的本地—远程知识搜索来完成这个过程（Guo & Wang, 2014)。

基于以上的推理，笔者提出以下假设：

H2a：环境动态性会增强吸收能力对企业二元性知识搜索策略选择倾向的正向影响。即，环境动态性与吸收能力的交互作用正向影响企业二元性知识搜索策略选择倾向。

然而，交易成本理论视角给出了相反的解释机制。如前文所述，交易成本的来源广泛，与知识搜索行为直接相关的有搜索成本、议价成本、契约监管成本（Boerner & Macher, 2002)，因此吸收能力高的企业进行二元性知识搜索的意愿会被削弱。而随着环境动态性的加剧，这三种类型的交易成本都会被提升：市场和技术变化迅速且难以预测，企业对新的具有潜在价值的知识进行评估的能力会被削弱（Todorova and Durisin, 2007; Lane and Koka, 2006)，因此需要更多的时间和精力去完成知识搜索的过程，提高了搜索成本；因为同样处在动荡的环境中，竞争对手由于营利性缺乏保障，可能会在技术和知识的交易中提高价格，因此企业技术采购和知识搜索的议价成本也可能会被提高；此外，由于环境动荡，旧有的行业规则也会受到挑战，对于契约的维持和监管需要投入更多的有形与无形资产，因此契约监管成本也有可能被抬高。因此，由于远程搜索相对来说成本较高且不好控制，在环境动态性加剧的情况下，企业往往会更加重视本地搜索。吸收能力高的企业可以更加高效地对企业内部或技术领域内部的知识展开搜索，并加以组合利用，产生所需的新知识，即使这些新产出的数量和质量可能有限，但是可以有效控制企业因知识搜索带来的交易成本提升。

此外，由于有限理性的存在，企业管理者的注意力也是一种稀缺且昂贵的资源（Rapoport，1966；Koput，1997）。在动荡的环境中，二元性的本地—远程知识搜索会带来更多的管理复杂性，管理者需要将总量有限的注意力分散到更多的领域中，难以集中精力解决主要问题，从而会降低决策的效率和有效性。同时，也正是因为有限理性的存在，企业的知识搜索策略往往会遵循满意原则，而非最优原则。因此，在动荡的环境中，企业对知识搜索的目的往往会从搜索更好、更全面的知识转向找到刚好能够解决问题的、成本较低的知识（Cohen & Levinthal，1990；Todorova & Durisin，2007），而这，恰恰是吸收能力强的企业更擅长的。

因此，笔者提出以下竞争性假设：

H2b：环境动态性会增强吸收能力对企业二元性知识搜索策略选择倾向的负向影响。即，环境动态性与吸收能力的交互作用负向影响企业二元性知识搜索策略选择倾向。

2. 环境敌对性

环境敌对性，也可以称为环境对抗性或环境威胁性，它描述的是环境中资源的丰富程度、可得性，以及环境中的竞争激烈程度（March & Simon，1958；Child，1972；Mintzberg，1979；Sharfman & Dean，1991）。环境敌对性的加剧，往往代表着环境中的资源较为匮乏或难以获得，或者企业面临的竞争状况愈发激烈。

根据资源观，当环境敌对性加剧时，环境中的资源可得性低，企业难以通过本地—远程二元性知识搜索的配合来获取新的知识从而产生新的组合，为了保护自己的技术核心，会被迫采取一些策略来缓冲这种敌对性（Thompson，1967；Pfeffer & Salancik，1978；Tan & Litschert，1994），比如将放在二元性知识搜索这一直接面对环境敌对性的活动上的精力转移到其他方面。因此，吸收能力促使企业开展二元性本地—远程搜索的作用被削弱。

从交易成本理论的视角来看，接踵而至的竞争加剧，会让知识搜索的成本大大提升，企业为了保持竞争优势并控制企业成本，会倾向于关注短期目标，将重心放在能够快速落实并获得收益的短期项目上，而忽略那些成本高且风险大的活动（Tan & Litschert，1994），而二元性搜索作为一种成本高且风险大的活动，很有可能会在这种情况下被搁置。而如果此时企业恰好又拥有更高的吸收能力，那么对现有资源和知识反复利用的动机会更强，而不是开展二元性知识搜索。也即，吸收能力抑制企业开展二元性本地—远程搜索的作用会被增强。

基于以上推理，笔者给出如下这对竞争性假设：

H3a：环境敌对性会削弱吸收能力对企业二元性知识搜索策略选择倾向的正向影响。

H3b：环境敌对性会增强吸收能力对企业二元性知识搜索策略选择倾向的负向影响。

3.2.3 假设模型

综上所述，本章的假设关系模型如图 3－1 所示。其中，H1a 与 H1b、H2a 与 H2b、H3a 与 H3b 是三组竞争性假设，且 a 组假设的理论依据是资源观，b 组假设对应的则是交易成本理论。

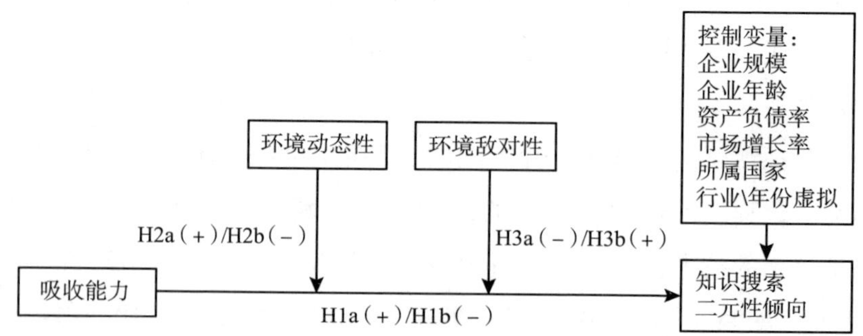

图 3－1 企业吸收能力和外部环境对知识搜索二元性的影响研究模型

注：（+）表示正向影响，（-）表示负向影响。

3.3　研究方法

3.3.1　数据选择

本章研究采用专利数据来构造企业知识搜索的相关变量，并同时采用上市公司财务数据、经济普查数据来刻画企业特征与行业环境，最终形成面板数据，并通过 Stata 12.1 的统计分析得到模型的计量结果。

专利数据是研究企业技术创新、组织学习，特别是知识获取、转移的一个重要工具（Katila & Ahuja，2002）。专利信息因为其完整性、系统性、连续性，且拥有详细的信息（Rosenkopf & Almeida，2003），而具有广泛的研究用途。一条专利的基本信息包括具体内容、发明者、授权人、申请时间、授予时间、地点（国家）、国际专利分类代码等，还提供了引文（包括其他专利和学术论文、著作），可以方便研究人员查询专利的施引和被引信息，从而能够观测到知识在个人之间、组织之间、地域之间、技术领域之间的流动和转移，还可以追踪到发明、发明者、科学工作者、企业、地域间的多重联系（Hall，Jaffe & Trajtenberg，2001）。

专利数据在技术与经济研究中的大规模应用已经有近半个世纪的历史了。早在 1965 年，舍雷尔（1965）就运用统计分析，探究了发明活动与技术机会、企业规模、产品线多样性以及垄断权力的关系。其中，他用专利统计作为测度企业发明活动（发明产出）的一个指标。在不久之后，施墨克勒（Schmookler，1966）在自己的著作中探讨了发明专利与经济增长的议题。此后，又有大批的经济学、管理学研究者投身于用专利研究分析经济问题的领域中，将专利作为衡量企业知识拥有量与技术创新性的一个重要测度。比如：纳林、罗马和佩里（Narin，Roma & Perry，1987）证实专利是衡量企业技术强度的出色指标（医药企业技术强度和所获专利数量的相关性高达 0.82）；杜塔和韦斯（Dutta & Weiss，1997）、金和帕克（2013）等人的研究用专利被引频次来测度企业的技术创新质量与技术影响力；亨德尔森和考克博恩（Henderson & Cockburn，1994）在运用问卷量表的同时也采用了每年的专利获批数量这一客观数据来衡量企业的创新产出；阿胡加（2000）在合作网络与创新的研究中也采用了专利计数来衡量企业的创新产出；罗森科夫和尼尔卡尔（2001）则使用光盘产业的专利引用情况来测量企业的知识探索行为和创新影响力。

上市公司财务数据具有客观真实、全面细致、可得性高等优点，既可以多角度地刻画企业的各种特征，又可以以行业为单位进行整合，刻画行业的环境特征。经济普查数据则全面地提供了各种细分程度的行业信息，包括市场容量、雇员数量、经济附加等重要信息，且统计报告的官方性保证了数据的全面、客观、翔实、权威，是测量行业环境的良好工具。

3.3.2 样本选取与数据收集

1. 产业选择

本章研究采用的样本是在美国上市的制造业企业。第一，本章研究探讨的是企业知识搜索策略选择的影响因素，专利数据是研究知识管理问题的一个有力工具（Rosenkopf & Nekar，2001；Hall，Jaffe & Trajtenberg，2001）。美国的持续性专利授予始于18世纪晚期，现行的统计与报告系统则可以追溯到19世纪70年代（Hall，Jaffe & Trajtenberg，2001），因此，美国的专利数据可以提供连续的、系统的、大样本量的信息。第二，本领域的研究对制造业企业的关注由来已久，特别是科恩和利文索尔（1989，1990）关于吸收能力的早期研究便是以制造业企业为样本，而本章研究探究的正是吸收能力对企业知识搜索策略选择的影响，同样采用制造业企业具有一定的延续性（Rothaermel & Alexandre，2009）。第三，在美上市的制造业企业的覆盖范围较大，企业的数量较多，能够提供足够的样本容量供研究者观测。此外，制造业中既有技术含量较低的产业如服饰制造业等，又不乏技术密集型的化学品制造业，计算机与电子产品制造业，电子设备、装置与配件制造业等。这些行业的技术含量悬殊、专利活动差异较大，多行业的样本既能体现出这些企业在知识搜索和专利行为方面的共性，又能够在一定程度上表现出企业间的偏差（Wang & Li，2008）。

在美上市公司的产业代码均采用 NAICS code（北美产业分类体系代码）来进行划分，数位越多则越细分，其中，代码开头为 31、32、33 的，属于制造业。由于某些制造业企业的业务范围较广，无法进行进一步细分，所以每个企业的 NAICS 代码从 3 位到 7 位不等；此外，每一个 n 位代码产业都从属于（$n-1$）位上级代码产业。因此，为了能在最大程度上囊括在美上市的制造业企业，避免数据的误删，同时保证行业变量的构造能够保持一定的稳定性，本书统一采用3 位 NAICS 代码搜集并整理企业数据（即代码多于 3 位的按前3 位计）。根据美国商务部普查局（Bureau of Census，US Department of Commerce）的信息，北美产业分类体系一共区分了 21 个三位代码行业，如表 3 -1 所示。

表 3 -1　　北美制造业行业（按 3 位 NAICS 代码划分）

3 位 NAICS 代码	行业名称（英文）	行业名称（中文）
311	food mfg	食品制造业
312	beverage & tobacco product mfg	饮料与烟草产品制造业
313	textile mills	棉纺制造业
314	textile product mills	棉纺产品制造业
315	apparel mfg	服饰制造业
316	leather & allied product mfg	皮革产品制造业
321	wood product mfg	木材产品制造业
322	paper mfg	造纸业
323	printing & related support activities	印刷与相关产业
324	petroleum & coal products mfg	石油与煤产品制造业
325	chemical mfg	化学品制造业
326	plastics & rubber products mfg	塑料与橡胶产品制造业
327	nonmetallic mineral product mfg	非金属矿物产品制造业
331	primary metal mfg	基础金属制造业
332	fabricated metal product mfg	金属加工制品制造业
333	machinery mfg	机器制造业

续表

3 位 NAICS 代码	行业名称（英文）	行业名称（中文）
334	computer & electronic product mfg	计算机与电子产品制造业
335	electrical equipment, appliance, & component mfg	电子设备、装置与配件制造业
336	transportation equipment mfg	交通运输设备制造业
337	furniture & related product mfg	家具与相关产品制造业
339	miscellaneous mfg	综合制造业

2. 数据来源

本书关注的是以专利行为作为表征的在美上市制造业企业的知识搜索行为，数据来源为美国经济研究局（National Bureau of Economic Research, NBER）维护并提供的企业专利及引用数据库，所有数据资料均下载于该组织的官方网站。NBER 专利数据库记录了 1976 ~ 2006 年间，美国专利商标局（USPTO）审批通过的专利信息三百万余条，以及这批专利的施引与被引记录两千万余条，提供了丰富且翔实的数据信息，较为全面地刻画了企业的专利行为。NBER 数据库中的各数据文件介绍与其中本章研究所需的变量的说明请见表 3 - 2 与表 3 - 3。

表 3 - 2　　NBER 专利数据库子文件简介

文件名称	文件内容
assignee. dta	专利获得者的信息记录
cite76_06. dta	1976 ~ 2006 年间所有被授权的专利的引用记录
dynass. dta	专利获得者与公司动态匹配的记录
orig_gen_76_06. dta	记录专利的原创性与普适性
pat76_06_assg. dta	专利的地理与所有人归属、申请与授予时间、技术分类代码、被引频次等
pat76_06_ipc. dta	专利及其技术分类代码
patassg. dta	1976 ~ 2006 年间所有被授权专利的地理与专利权人归属
pdpcohdr. dta	专利数据与 Compustat 数据匹配的记录

表 3 – 3　　**NBER 数据库所需变量列表**

变量名称	变量内容	说明
Gvkey	与 compustat 对应的公司唯一代码	若公司发生兼并重组或退市摘牌，可能于某年消失
PDPCO	公司代码	展示公司的成立与结束年份，以及被兼并重组的记录
PDPASS	专利所有人的代码	一个专利可能会对应多个 PDPASS；一个 PDPASS 也可能对应多个 PDPCO
Patent	专利的唯一代码	
Cited	被引专利的代码	
Citing	施引专利的代码	
Icl_class	专利的国际专利分类代码所属的大类	即专利的 IPC 分类代码
Gyear	专利被授予的年份	

根据 NBER 数据库的信息，可以归纳出一条专利所拥有的信息，如图 3 – 2 所示：

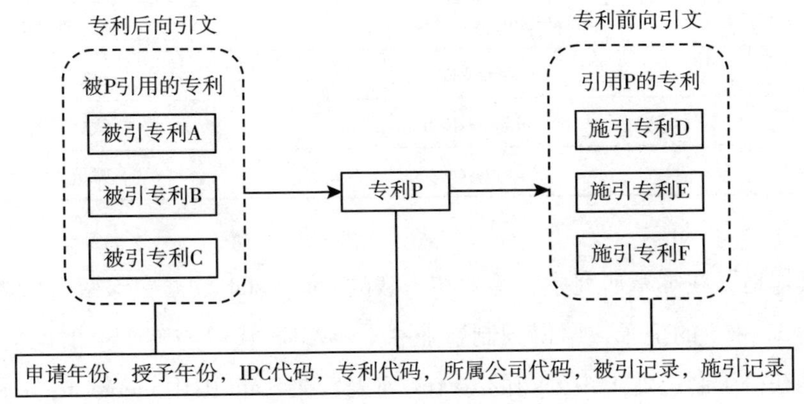

图 3 – 2　专利信息示意图

然而，NBER 提供的是所有行业的在美上市公司或以个人名义申请并获批的专利数据，且不包含 NAICS 代码信息。为了筛选出其中的制造业企业信息，需要得到公司代码 Gvkey 与 NAICS 代码的匹配记录，根据 NAICS 代码筛选出制造业企业的 Gvkey，再回到 NBER 的数据库中提取制造业企业的专利数据。此时，本书的另一个数据来源，Standard & Poor's Compustat 数据库，便能提供这样的操作。该数据库由美国标准普尔公司（Standard & Poor's）运营，并由宾夕法尼亚大学沃顿研究数据服务（Wharton Research Data Service，WRDS）提供访问与下载平台。Compustat 数据库包含了北美及全球（超过 80 个国家）上市公司的财务与市场数据，包括活跃与非活跃公司（已经退市或摘牌）。其中，在北美地区包含超过 28 000 家上市公司（包括已退市和摘牌）的数据。本章研究所需的变量如表 3 -4 所示：

表 3 -4　　Compustat 数据库所需变量列表

变量名称	英文含义	中文含义
Gvkey	global company key	企业代码
Conm	company name	企业名称
FYEAR	fiscal Data Year	数据产生的财年
NAICS	North America industrial classification system code	北美产业分类系统代码
SALE	sales/turnover (net)	企业销售额
AT	assets-total	总资产
LT	liabilities-total	总负债
EMP	employees	雇员人数

具体地，在本章研究中，笔者在下载的 compustat 数据中保留 NAICS 代码开头为 31 ~33 的记录，即得到制造业企业 NAICS 代码与 Gvkey 的匹配记录，也就是获得了制造业上市公司的 Gvkey 列表。在 Stata 中用 merge m：1 命令即可将该记录与专利数据进行匹配，删去无法匹配的记录，就可得到仅包含制造业上市公司的专利数据。

此外，美国商务部普查局（US Census Bureau）则提供了反映行业环境的丰富数据。在本章的研究中，我们采用的变量如表 3 -5 所示。

表 3-5　　制造业普查数据所需变量列表

变量名称	中文含义
number of employees	行业雇员数量
total value of shipments（$ 1 000）	出货量总值（单位为 1 000 美元）
year	数据所属的年份
nAICS - based	北美产业分类系统代码

NBER 专利数据、compustat 财务数据以及美国制造业年度经济普查是优质且值得信赖的数据来源，能够提供企业数量多、行业范围广、时间跨度大的数据信息，因此，它们在很多研究中都被采纳过。例如：米勒、费恩和卡迪纳尔（Miller，Fern & Cardinal，2007）采用 NBER 1985 ~ 1996 年间 1 644 家企业的 211 636 条专利数据，证实了多样化经营的公司内部的跨部门知识搜索与转移能够促进一项新发明带来的后续技术发展；拉维和罗森科夫（Lavie & Rosenkopf，2006）通过 compustat 数据库筛选出了软件行业的公司进行了时间窗口为五年的纵向研究，探讨了组织在联盟建立过程中对探索与利用的平衡；山川、杨和森（Yamakawa，Yang & Lin，2011）采用 compustat 数据，对 1988 ~ 1995 年间医药、食品、造纸、电脑、钢铁这五个行业的 95 家公司进行了实证研究，验证了企业联盟组合的绩效受到组织、战略、环境的匹配程度的影响；王和李（2008）则采纳了代斯和比尔德（Dess & Beard，1984）归纳的用二手数据测度环境变量的研究，综合运用这三个数据库，通过对 570 家在美上市的制造业企业 1987 ~ 1991 年间的数据进行分析，研究了过度搜索与过度利用对企业绩效的影响。

3.3.3　变量测度与数据处理

本章研究内容涉及的变量可分为四个部分：①被解释变量为知识搜索策略选择。分别从组织边界和技术边界对企业的知识搜索行为进行了本地搜索和远程搜索的划分，又按照是采用一种还是两种搜索行为的标准划分出了一元性搜索策略和二元性搜索策略。②自变量为吸收能力，着重考量企业的专利知识积累程度。③调节变量则为行业的环境因素，分为环境动态性与环境敌对性分别进行测度。④控制变量引入了企业规模、企业年龄、资产负债率、市场增长率、企业所属国家，此外，由于样本企业来自于差异较大的各个细分行业且观测值有纵向时间跨度，行业虚拟变量与年份虚拟变量也将纳入控制变量。

1. 被解释变量：知识搜索策略选择

知识搜索策略在本书中被划分为一元搜索策略与二元搜索策略，其中一元搜索策略为企业单一地采取本地搜索或远程搜索，二元搜索策略为企业同时采取本地搜索和远程搜索两种不同的搜索策略。以往的研究中，学者们关于本地搜索、远程搜索的知识来源范围界定有着不同的看法，既有从组织边界（Rosenkopf & Nerkar, 2001；Afuah & Tucci, 2012；Kim & Park, 2013）对其进行组织内部和组织外部的划分，又有从技术边界（Rosenkopf & Almeida, 2003；Kim & Park, 2013）对其进行技术领域内与技术领域外的划分。因此，笔者将两种不同边界的本地—远程搜索均纳入到验证的过程中，既可以覆盖更多的搜索行为与策略，又能将两种边界上的搜索策略进行比较。

本书采用企业的专利引文信息来识别并测量其知识搜索行为。一个企业的一项专利，可以引用来自企业内部或外部、该专利所属技术领域内部或外部的其他专利。其中，来自企业内部和专利所属技术领域内部的引文是企业分别在组织边界和技术边界开展本地搜索的表征；而来自其他企业或个人，以及专利所属技术领域以外的引文则分别反映了企业在组织边界和技术边界开展远程搜索的活动。

本书所采用的专利信息来源于 NBER 专利数据库，先以专利为单位逐条进行企业归属和授予年份的确认，再通过引用与被引信息的数据集确定每条专利分别在组织边界和技术边界上引用了多少本地专利和远程专利，最后再以企业为单位逐年进行加总，得到各企业各年在组织边界和技术边界上的本地搜索与远程搜索记录。其中，组织边界上的本地—远程搜索划分依据是专利诞生时所属的公司代码，技术边界上的划分依据则是专利的三位 IPC 分类代码。在 t 年中仅有本地搜索或远程搜索的行为被定义为采取一元搜索策略，赋值为 0；同时采取本地搜索和远程搜索的行为定义为采取二元搜索策略，赋值为 1。组织边界与技术边界分开赋值。

2. 解释变量：吸收能力

一些研究采取研发投入强度（R&D Intensity，即研发投入除以总销售额）来作为企业吸收能力的代理变量（Cohen & Levinthal，1990；Tsai，2001；Stock，Greis & Fischer，2001）。研发投入固然能对吸收能力的构建有所贡献（Cohen & Levinthal，1990），然而，这一测度方法仍有其弊端。首先，吸收能力的构建是一个积累性的、路径依赖的过程（Van den Bosch，Volberda & Boer，1999；Zahra & George，2002），前期的吸收能力构建工作仍然会在未来对吸收能力的累积提供基础，而现有的研发投入强度的测度方式是简单且静止的（Cohen & Levinthal，1990），仅考虑了当年研发投入对吸收能力的贡献，虽然在截面数据分析中可以用于比较不同企业之间在该时期对吸收能力构建的投入程度，但是忽略了企业每年的研发投入和销售额的变动幅度不一致可能会给这一测度带来的影响，不适用于纵向的、有时间跨度的面板数据的分析。假设 A 企业 t－1 年和 t 年的研发投入与销售额如表 3－6 所示：

表 3－6　　A 企业研发投入强度比较

时期	研发投入（单位）	销售总额（单位）	研发投入强度
t－1 年	10	50	0.2
t 年	12	80	0.15

相较于 t－1 年，A 企业 t 年的研发投入和销售总额均有所增长，但是由于销售总额的增长幅度更大，掩盖了研发投入的增长，导致研发投入强度数值的减少。但是，持续且增长的研发投入是会帮助企业提高吸收能力的（Cohen & Levinthal，1990）。

其次，也有学者质疑，研发投入的强度是否能够较完善地测度企业的吸收能力。持怀疑观点的研究者认为，研发投入虽然对吸收能力构建有所帮助，但是忽略了研发投入的利用率和转化率问题，因为并非所有的研发投入都能够很好地被利用或是成功地被企业消化吸收从而内化成自身能力的一部分（Brouwer & Kleinknecht，1999；Hitt，Hoskisson，Ireland & Harrison，1991）。此外，他们还认为，研发投入的代理测量，忽略或低估了小公司中的研发投入，特别是非正式与小规模的研发投入（Kleinknecht，1987；Pavitt & Patel，1988）。

因此，在本章的研究中，我们采取另一种测度方式来表征企业的吸收能力（Hitt，Hoskisson，Ireland & Harrison，1991），即专利强度（patenting intensity）：

$$\text{吸收能力（专利强度）}=\frac{patent\ stock_{jt-1}}{SALE_{jt}}$$

其中，$SALE_{jt}$为j公司t年的销售总额，取自 compustata 数据库。Patent Stock_{jt-1}则取上一年的值，j 公司 $t-1$ 年的专利存量，即 j 公司从成立或 1976 年起（因 NBER 专利数据库可追溯的最早年份就是 1976 年），截止到$t-1$ 年被授予的所有专利数量。因为吸收能力不是短期内能够建立或提升起来的，也不是立刻就能投入使用的，当期累积的吸收能力至少在下一年才能发挥作用，因此专利存量的取值提前一年更符合实际情况。

该测度方式相比研发强度法，有几个明显的优势。首先，本章研究内容关注的是企业的知识搜索行为，沿用研究传统采用专利数据进行测量。用专利的计数来代替研发投入，直接采用了研发活动被成功转化和利用之后的产出——专利，既能够很好地表征企业的吸收能力，又可以避免研发投入的转化率和利用率难以测量与计算的难题。其次，专利从申请到获批有不可预测的时间间隔，且专利是否能被批准具有不可控因素。根据 NBER 数据库显示，1976～2006 年间获批的专利中，其获批时间从若干个月（0 年）到 1993 年不等，若 A 企业在 t 年没有专利授予，不可简单地认为其下一年的吸收能力为零，因为吸收能力是一个累积的结果。因此，采取专利存量，用截止到 $t-1$ 年所获的专利总量来测度 t 年的吸收能力，体现了连续、累积的思想，同时也能够避免这个问题。

此外，与研发强度测度方法相同的一点是，专利强度也通过除以企业当年销售总额的标准化方法，来削弱企业规模的影响（Cohen & Levinthal，1990；

Hitt，Hoskisson，Ireland & Harrison，1991）。

3. 调节变量

环境动态性。一个行业的环境动态性来源是多样的，但是可以归纳为市场动态性（Dess & Beard, 1984）与技术动态性（Sharfman & Dean, 1991）。其中，市场动态性又可以分为产品市场与劳动力市场的动态性。笔者采纳沙尔夫曼和迪恩（Sharfman & Dean，1991）修正后的方法，将市场动态性和技术动态性同时纳入到环境动态性的考量中，综合运用两个不同的数据库来源，更加全面立体地刻画一个行业的动态性特征。具体的测量方法如表 3 – 7 所示。

表 3 – 7　　环境动态性测量方法

项目名称	计算方法	数据来源
出货值动态性	以制造业 1997 ~ 2000 年的出货值（total value of shipments）为被解释变量，时间虚拟变量为解释变量进行回归，取各年回归系数的标准误差除以各行业 1997 ~ 2000 年的出货量均值	美国商务部普查局
雇员数动态性	过程同上，将出货值替换成雇员数量	同上
技术动态性	各行业 1997 ~ 2000 年中各年所获专利的均值	NBER 专利数据库
环境动态性 = Z（出货值动态性 + 雇员数动态性）+ Z（技术动态性）+ 10		

资料来源：Sharfman & Dean（1991）。

环境敌对性。与以往研究一致（Wang & Li, 2008），我们采取市场集中度来测度一个行业的资源丰富程度，也即环境敌对性。具体测量方法如下：

$$环境敌对性 = \frac{C_{4it}}{SALE_{it}}$$

其中，C_4 为 i 行业 t 年中，销售额居该行业前四名的企业的销售额总和；$SALE_{it}$为 i 行业 t 年的销售总额。这些数据均取自 compustat 数据库，其中行业的销售总额是将该行业中的企业当期销售额加总所得。

4. 控制变量

企业规模。规模越大的企业，会占有相对更多的资源，为其创新活动提供更多的便利（Chen & Hambrick，1995；Penrose，1959）。同时，更大规模的企业拥有更多的组织冗余，其技术和资本的丰富存量可以帮助它们缓解创新活动带来的风险和损失（Bourgeois，1981；Thompson，1967）。因此，企业的知识搜索策略选择会受到企业规模的影响，应当将企业规模纳入控制变量中。在本书中，企业规模的计算方法如下：

$$企业规模 = \mathrm{Ln}(EMP_{jt})$$

其中，EMP_{jt}为j企业在t年的雇员人数，数据来源于compustat数据库，单位为千人。对雇员人数进行自然对数变换以测度企业规模，是技术创新领域常用的处理方法（Baum et al.，2001；Chattopadhyay et al.，2001；Cao et al.，2009）。

企业年龄。有研究表明，与新创企业相比，较为成熟的公司在创新活动上投入资源的意愿会更加强烈（Sørensen & Stuart，2000），因此，企业年龄对知识搜索策略会有影响。企业年龄的计算方式如下：

$$企业年龄 = 本期年份 - 企业成立年份$$

企业成立越早，则企业年龄越大。

资产负债率。资产负债率较高的企业会相对缺乏足够的资金来开展知识搜索、技术采购的活动，知识搜索活动的进行会伴随着巨大的压力，因此资产负债率一定程度上会影响企业的知识搜索策略倾向。在本章的研究中，计算企业资产负债率的变量均取自compustat数据库，计算方法如下：

$$资产负债率 = \frac{LT_{jt}}{AT_{jt}}$$

其中，LT_{jt}为j企业在t年的总负债，AT_{jt}为j企业在t年的总资产。

市场增长率。企业所在行业的市场增长率一定程度上反映了行业的变化程度以及资源的丰富程度，对企业的战略选择会产生一定的影响（任颋、茹璟、尹潇霖，2015）。因此，笔者采取各行业销售额的增长率来测度这一变量，即

$$市场增长率 = \frac{SALE_{it}}{SALE_{it-1}} - 1$$

其中，SALE 取自 compustat 数据库，是企业层面数据，以 3 位 NAICS 代码为标准分年份进行各个行业的加总，即得到 i 行业在 t 年的销售总额。

所属国家。由于生产力水平、市场规模与成熟度、知识产权保护程度等方面的差异，不同国家的企业在研发生产率、专利申请意愿等方面也存在着差异（Huang & Jacob，2014）。因此，笔者将企业所属国家纳入控制变量中，其中，美国企业赋值为 0，非美国企业为 1。

行业虚拟变量。本书的研究样本为北美上市的制造业企业，覆盖了 21 个细分行业，行业间差异较大。而且不同行业中的企业，其专利行为、知识搜索行为可能会存在显著的差异（Levin，Klevorick，Nelson & Winter，1987；Grimpe & Sofka，2009）。为了控制行业间的差异，笔者在回归分析中引入行业虚拟变量。

年份虚拟变量。本书的研究为采用面板数据的纵向研究，时间跨度为 4 年（1997～2000 年）。因此，为了控制不同年份间的差异，笔者在回归中引入年份虚拟变量。

3.3.4　数据分析方法

本书中的研究均采用 Stata 12.1 对面板数据进行分析。与截面数据或时间序列数据相比，面板数据（截面时序数据）具有不可比拟的优越性。面板数据可以控制个体在时间和空间上的异质性，更多的信息量、更高的自由度、更大的变异使得面板数据可以避免多重共线性，同时也可以降低统计误差（陈晓玲，2013）。

此外，由于本章研究中的被解释变量——企业的知识搜索策略选择，是一个非 0 即 1 的二值选择变量。因此，在本章中，笔者采取逻辑回归（logistic regression）的方法对假设模型进行回归分析检验，被解释变量的对数概率（log odds）即为解释变量的线性集合①。

---

① 见 http：//www. ats. ucla. edu/stat/stata/dae/logit. htm。

3.4 研究结果

3.4.1 描述性统计与相关性检验

通过对三大数据库的梳理、清洗、整合，变量构造，剔除有缺失值和仅有一年记录的企业—年份观测值（因为本书研究分析的是有时间跨度的面板数据，仅有一年记录的观测值与截面数据无异）后，笔者获得了 1997～2000 年间 1 280 家企业共 3 965 个观测值。因为自 20 世纪 90 年代中后期开始，科学技术发展的速度加快，并保持着较为稳定的发展势头。企业的知识搜索，尤其是跨界搜索的行为大量增加，也带动了专利申请活动的蓬勃发展。

这 1 280 家企业的基本信息如表 3－8 和表 3－9 所示。

表 3－8　样本企业基本信息 1

企业年龄分布（N＝1 280）		企业所属国家分布（N＝1 280）	
成立年份	百分比（%）	所属国家	百分比（%）
1960 年及以前	15. 63	美国	92. 10
1961～1980 年	18. 36	非美国	7. 9
1981～1990 年	25. 63		
1991～1998 年	40. 39		

表 3－9　样本企业基本信息 2

企业行业分布（N＝1 280）					
行业代码	百分比（%）	行业代码	百分比（%）	行业代码	百分比（%）
311	2. 11	321	0. 23	331	2. 11
312	0. 31	322	1. 80	332	2. 73
313	0. 47	323	0. 47	333	11. 25

续表

企业行业分布（N = 1 280）					
行业代码	百分比（%）	行业代码	百分比（%）	行业代码	百分比（%）
314	0.39	324	1.09	334	33.36
315	0.47	325	20.55	335	4.30
316	0.55	326	1.88	336	5.39
		327	1.02	337	1.09
				339	8.44

在 3 965 个企业—年份观测值中，组织边界和技术边界的搜索策略分布如图 3 - 3 所示。

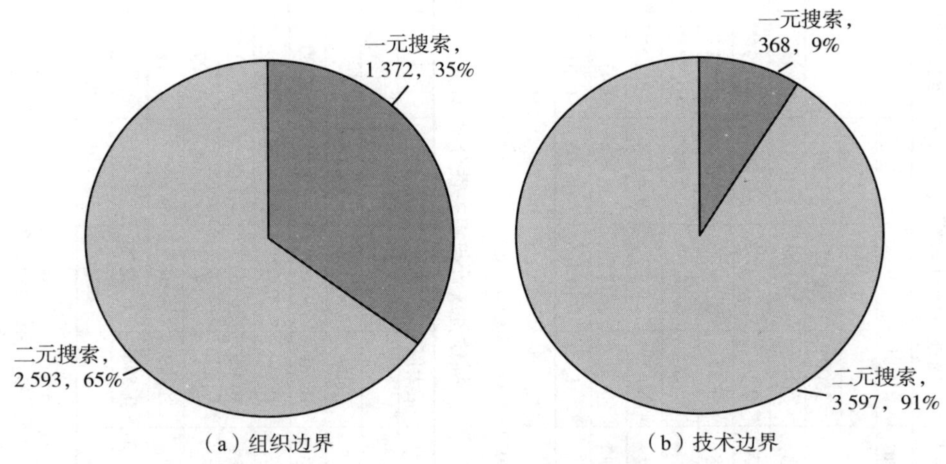

图 3 - 3　样本企业搜索策略分布图

由表 3 - 8 可以看出，1991 年后成立的公司在样本中的占比超过 40%，这些相对年轻的公司发挥着不容忽视的创新力量。此外，因为样本取自在美国上市的企业，因此美国本土的企业占比占了绝大多数，但是依然有来自亚洲、欧洲的上市公司。

表 3 - 10 和表 3 - 11 展示了本章研究所涉及变量的描述性统计和相关系数矩阵结果，分组织边界和技术边界分别进行相关性检验。其中企业年龄和企业规模的相关性较高，符合一般的实际情况，即企业建立的时间越长，发

表 3-10　　描述性统计与相关性分析（组织边界）

项目	均值	标准差	最小值	最大值	1	2	3	4	5	6	7	8
1. 策略选择	0.65	0.48	0	1	1.00							
2. 吸收能力	3.02	61.19	0	3500	−0.01	1.00						
3. 环境动态性	11.11	1.65	8.95	13.81	−0.04*	−0.01	1.00					
4. 环境敌对性	0.28	0.13	0.17	0.99	−0.003	0.02	−0.39***	1.00				
5. 企业规模	0.35	2.22	−5.81	6.15	0.26***	−0.09***	−0.21***	0.29***	1.00			
6. 企业年龄	18.60	15.85	1	50	0.26***	−0.04*	−0.27***	0.23***	0.61***	1.00		
7. 资产负债率	0.49	0.58	0.01	22.79	0.02	0.49***	−0.13***	0.11***	0.12***	0.13***	1.00	
8. 市场增长率	0.07	0.07	−0.45	0.51	−0.01	0.01	0.47***	−0.08***	−0.08***	−0.12***	−0.04*	1.00
9. 国别	0.08	0.27	0	1	−0.02	−0.01	0.03+	0.01	0.19***	−0.09***	0.04*	0.02

注：a. N = 3 965。
b. 显著性：+表示 $p < 0.1$，*表示 $p < 0.05$，*** 表示 $p < 0.001$。

表 3-11　　描述性统计与相关性分析（技术边界）

项目	均值	标准差	最小值	最大值	1	2	3	4	5	6	7	8
1. 策略选择	0.91	0.29	0	1	1.00							
2. 吸收能力	3.02	61.19	0	3500	−0.01	1.00						
3. 环境动态性	11.11	1.65	8.95	13.81	−0.02	−0.01	1.00					
4. 环境敌对性	0.28	0.13	0.17	0.99	0.02	0.02	−0.39***	1.00				
5. 企业规模	0.35	2.22	−5.81	6.15	0.16***	−0.09***	−0.21***	0.29***	1.00			
6. 企业年龄	18.61	15.85	1	50	0.10***	−0.04*	−0.27***	0.23***	0.61***	1.00		
7. 资产负债率	0.49	0.58	0.01	22.79	0.04*	0.49***	−0.13***	0.11***	0.12***	0.13***	1.00	
8. 市场增长率	0.071	0.071	−0.453	0.508	0.03+	0.01	0.47***	−0.08***	−0.08***	−0.12***	−0.04*	1.00
9. 国别	0.081	0.273	0	1	0.01	−0.01	0.03+	0.01	0.19***	−0.09***	0.04*	0.02

注：a. N = 3 965。
b. 显著性：+表示 $p < 0.1$，*表示 $p < 0.05$，*** 表示 $p < 0.001$。

展的历程越久，其企业规模（这里用的是以千人为单位的雇员人数的自然对数）会越来越壮大。其他变量间的 Pearson 相关系数绝对值均远低于0.6，没有明显的多重共线性怀疑，解释变量符合纳入一般的回归模型的条件。此外，笔者在进行回归分析前，将解释变量、控制变量均做了中心化处理，而且采用的分析软件 Stata 12.1 在回归过程中也会在一定程度上进一步剔除可能存在的多重共线性的影响。

3.4.2 回归分析

从前文的变量测度部分可以看出，本章研究的被解释变量为二值选择变量（赋值为0或1），是离散而非连续的。这种研究模型被称为“离散选择模型”或“定性反应模型”（陈强，2014）。此时，常用的普通最小二乘法（OLS regression）不再适用，需要在 Stata 中采用逻辑回归方法进行回归分析。

笔者将企业的知识搜索行为分组织边界与技术边界，采用多元分层次的逻辑回归方法进行回归分析。回归结果的列表如表3-12所示。在模型1中，只放入控制变量和自变量。模型2在模型1的基础上放入调节变量——环境动态性和环境敌对性。模型3在模型1的基础上增加调节变量环境动态性以及吸收能力与环境动态性的交互项。模型4在模型1的基础上加入另一个调节变量——环境敌对性，以及吸收能力和环境敌对性的交互项。模型5则为加入了全部解释变量、控制变量、交互项的全模型。通过观察五个模型的卡方统计量及其对应的p值（$p<0.001$），可以得知各个模型所有系数的联合显著性较高。此外，随着更多解释变量和交互项的加入，准 R^2（Pseudo - R^2）的值也在逐步提升。

表 3-12　企业吸收能力与外部环境对知识搜索二元性影响的回归结果

项目	模型 1		模型 2		模型 3		模型 4		模型 5	
	组织边界	技术边界	组织边界	技术边界	组织边界	技术边界	组织边界	技术边界	组织边界	技术边界
常数项	-0.184 (0.274)	1.626*** (0.398)	-5.79 (6.39)	11.94 (8.05)	-6.066 (6.407)	11.598 (7.958)	-0.032 (0.297)	1.842*** (0.444)	-5.662 (6.393)	11.942 (8.055)
控制变量										
企业规模	0.254*** (0.023)	0.314*** (0.038)	0.25*** (0.02)	0.31*** (0.04)	0.257*** (0.023)	0.316*** (0.038)	0.262*** (0.023)	0.315*** (0.038)	0.262*** (0.023)	0.316*** (0.038)
企业年龄	0.028*** (0.003)	0.001 (0.005)	0.03*** (0.003)	0.002 (0.01)	0.028*** (0.003)	0.002 (0.005)	0.028*** (0.003)	0.002 (0.005)	0.028*** (0.003)	0.002 (0.005)
资产负债率	-0.068 (0.073)	0.190 (0.166)	-0.07 (0.07)	0.19 (0.17)	-0.032 (0.070)	0.191 (0.168)	-0.015 (0.070)	0.185 (0.168)	-0.013 (0.070)	0.188 (0.168)
市场增长率	0.354 (0.703)	1.860 (1.145)	0.35 (0.70)	1.93 (1.17)	0.390 (0.703)	1.918^{+} (1.160)	0.382 (0.705)	1.905^{+} (1.155)	0.378 (0.703)	1.941^{+} (1.173)
国别	-0.394** (0.137)	-0.351 (0.228)	-0.39** (0.14)	-0.35 (0.23)	-0.400** (0.137)	-0.351 (0.228)	-0.403** (0.137)	-0.349 (0.228)	-0.404** (0.137)	-0.348 (0.228)
年份虚拟变量	已包含	已包含	已包含	已包含	已包含	已包含	已包含	已包含	已包含	已包含
行业虚拟变量	已包含	已包含	已包含	已包含	已包含	已包含	已包含	已包含	已包含	已包含
解释变量										
吸收能力（ACAP）	0.001 (0.001)	0.0004 (0.002)	0.001 (0.001)	0.0004 (0.002)	0.004^{+} (0.002)	0.0003 (0.002)	0.008* (0.004)	0.002 (0.004)	0.008* (0.004)	0.001 (0.004)

续表

项目	模型 1		模型 2		模型 3		模型 4		模型 5	
	组织边界	技术边界	组织边界	技术边界	组织边界	技术边界	组织边界	技术边界	组织边界	技术边界
环境动态性			-2.66 (2.95)	4.67 (3.72)	-2.718 (2.964)	4.610 (3.676)			-2.612 (2.956)	4.669 (3.718)
环境敌对性			-2.54 (2.14)	-3.82 (3.46)			-2.656 (2.144)	-3.719 (3.405)	-2.639 (2.141)	-3.824 (3.467)
交互项										
ACAPX 动态性					0.004 + (0.002)	-0.002 (0.003)			-0.003 (0.003)	-0.001 (0.004)
ACAPX 敌对性							-0.025 * (0.011)	0.017 (0.036)	-0.031 * (0.014)	0.011 (0.040)
Pseudo R^2	0.0970	0.0608	0.0974	0.0620	0.0981	0.0616	0.0993	0.0614	0.0995	0.0622
对数似然值	-2 309.86	-1 149.37	-2 308.71	-1 147.92	-2 306.96	-1 148.41	-2 303.99	-1 148.63	-2 303.28	-1 147.74
卡方	496.03 ***	148.86 ***	498.33 ***	151.77 ***	501.82 ***	150.79 ***	507.77 ***	150.35 ***	509.19 ***	152.13 ***

注：a. 以仅有一元搜索行为的企业为基准，共 3 965 个公司—年份观测值。

b. 表格内的值为回归系数，括号中为标准误差。

c. 显著性：+ 表示 $p < 0.1$，* 表示 $p < 0.05$，** 表示 $p < 0.01$，*** 表示 $p < 0.001$。

3.4.3 假设检验结果

表3－13是本章研究的假设检验结果的汇总，从此表中可以看出，组织边界上，检验结果支持H1a、H2a、H3a，但是，在技术边界上三组假设均未得到验证。这说明，对于组织边界和技术边界的两种二元性知识搜索策略而言，吸收能力、环境动态性、环境敌对性产生的作用是不相同的。具体来说，吸收能力高的企业会更倾向于同时搜索组织内和组织外的知识，但不一定会同时搜索技术领域内外的知识，而且吸收能力在组织边界对知识搜索策略的作用在高环境动态性下会增强，同时会在高环境敌对性下被削弱，而技术边界上的知识搜索策略不能确定是否会受到影响。

表3－13　企业吸收能力与外部环境对知识搜索二元性影响的假设检验结果汇总

假设	组织边界	技术边界
H1a：吸收能力会正向影响企业的二元性知识搜索策略选择倾向 H1b：吸收能力会负向影响企业的二元性知识搜索策略选择倾向	支持H1a	不支持
H2a：环境动态性会增强吸收能力对二元性知识搜索策略选择倾向的正向影响 H2b：环境动态性会增强吸收能力对二元性知识搜索策略选择倾向的负向影响	支持H2a	不支持
H3a：环境敌对性会削弱吸收能力对二元性知识搜索策略选择倾向的正向影响 H3b：环境敌对性会增强吸收能力对二元性知识搜索策略选择倾向的负向影响	支持H3a	不支持

1. 主效应

模型3、模型4、模型5均在组织边界上支持假设H1a，尤以模型4、模型5最为显著（$p<0.05$，系数为0.008），这说明，吸收能力更强的企业，会比吸收能力较弱的企业更倾向于在组织边界上选择二元性的搜索策略，即同时在组织内部和外部进行知识搜索与获取。该结论证实，在这种情况下，资源观更具有

解释力。然而，这种倾向在技术边界并不明显，说明企业同时在技术领域内外进行二元性知识搜索的策略对自身吸收能力的高低程度并不敏感。

2. 调节效应

模型 2 证实了环境动态性在组织边界的调节作用，在组织边界上验证了假设 H2a（$p<0.1$，系数为 0.004），且符合资源观的解释机制。较高的环境动态性，即环境变化快、且难以预测，会让吸收能力强的企业更加倾向于二元搜索策略，同时在组织内外开展知识搜索。而环境动态性的调节作用在技术边界上未被验证，说明企业不大会关注来自组织内外的知识是否来源于与自己相同的技术领域。为了更加直观地表现环境动态性与吸收能力对企业组织边界二元性知识搜索策略选择的影响，笔者对交互作用作图如图 3－4 所示，高环境动态性的斜率略高于低环境动态性。

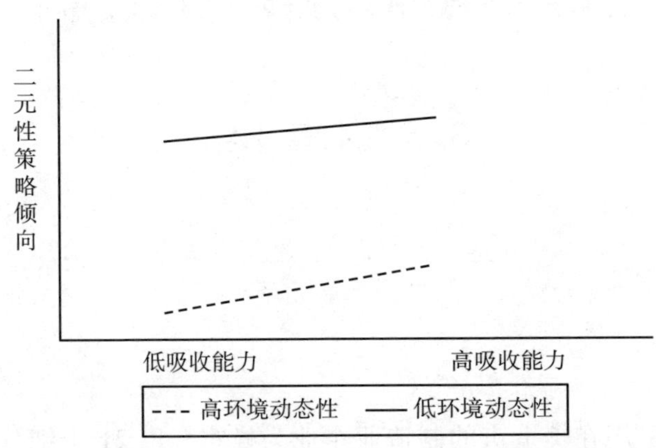

图 3－4　吸收能力与环境动态性对组织边界二元搜索策略倾向的交互作用

模型 3、模型 4 均在组织边界验证了环境敌对性的负向调节作用，支持假设 H3a（$p<0.05$，系数均为负向）。面对较高的环境敌对性时，对于吸收能力更强的企业来说，其二元性知识搜索策略的倾向会被削弱，即同时在组织内外部开展知识搜索的行为会被抑制。资源观的解释机制得到了验证。环境敌对性在技术边界上的调节作用不显著则说明，在高度敌对的环境中，企业在知识搜索的过程中不大会在意搜索的知识是否来源于与自己相同的本地技

术领域。同样地，为了直观地表现这种交互作用，笔者做交互作用图如图 3 -5 所示。

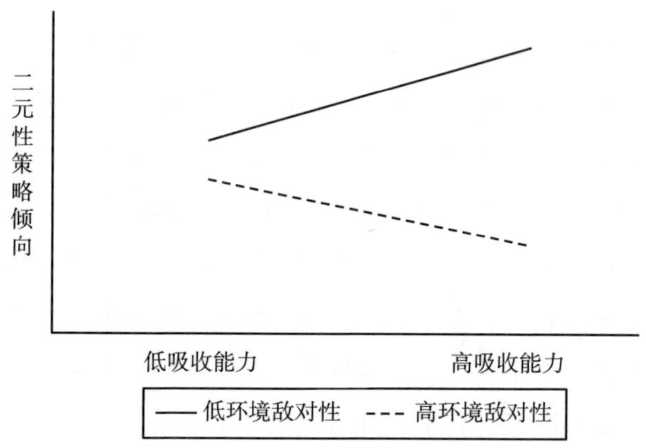

图 3 -5　吸收能力与环境敌对性对组织边界二元搜索策略倾向的交互作用

3.5　本章小结

3.5.1　结论

本章研究采用在美上市的制造业企业为样本，以 21 个细分行业中 1 280 家企业 1997 ~2000 年共 3 965 条观测值的面板数据，分组织边界和技术边界，实证检验了吸收能力对企业本地—远程知识搜索二元性选择倾向的影响机制，以及环境动态性和环境敌对性的调节作用。实证结果表明，资源观对于这个过程具有更强大的解释力，对于这些企业来说，资源确实是非常重要的创新要素。具体的实证结论如下：

（1）主效应：相比于吸收能力弱的企业，吸收能力强的企业会倾向于在组织边界上开展二元性知识搜索，即在企业内部开展本地搜索的同时，也在企业外部开展远程搜索；但是吸收能力不一定会促使企业在技术边界上开展技术领域内外的本地—远程二元性知识搜索活动。

（2）环境动态性的调节作用：在环境动态性较强的情境下，吸收能力越强的企业就会越倾向于在组织边界上开展二元性知识搜索；但是不一定会更倾向在技术边界上开展二元知识搜索策略。

（3）环境敌对性的调节作用：当环境敌对性加剧时，吸收能力越强的企业在组织边界上开展二元性知识搜索策略的倾向就越会被削弱；但是不一定会削弱企业在技术边界上开展二元知识搜索的倾向。

3.5.2 讨论

本章研究将企业的本地—远程知识搜索二元性分为组织边界和技术边界，分别进行回归分析，并得到了一些值得讨论的结论。

第一，为何相比交易成本理论，资源观的视角在这个过程中更具解释力？资源观在验证的结论中被证实更具解释力，说明对于这些企业来说，资源确实是它们赖以生存的重要因素，获取稀缺、有价值的资源并占有资源，是它们获得并保持竞争优势的重要保障，而知识就是一种稀缺的资源。吸收能力在这个过程中扮演了重要的角色，它决定了企业能够定位到哪些知识资源并对其加以吸收利用，吸收能力更强的企业，在对知识的获取、吸纳、转化、利用方面有着更明显的效率和优势。因此，在大家都希望占有更多有用但稀缺资源的前提下，吸收能力强的企业，能够更有效地在本地和远程开展二元性知识搜索。虽然，在知识搜索的过程中，交易成本是一个需要重视的因素，而且，随着二元性知识搜索的推进，交易成本也会逐渐提高，特别是在环境动态性加剧的情况下。但是，实证结果说明，对于这些企业来说，交易成本并不是影响它们知识搜索策略选择的主要因素，相比于知识搜索带来的成本提升，它们更加重视在知识搜索的过程中，搜索到并获取的知识和资源能够给它们带来的利益。特别是吸收能力强的企业，由于知识的转化率和利用率都会更高，其知识搜索带来的资源以及后期产生的价值能够更好地弥补搜索带来的成本。

第二，在主效应上，为何吸收能力对企业在组织边界上的知识搜索二元性倾向起到正向作用，却在技术边界上没有显著作用？主效应的实证结果表明，与吸收能力较弱的企业相比，吸收能力强的企业更倾向于同时在企业内外开展本地与远程知识搜索，即采取二元性搜索策略。这一结论与认为吸收能力可以促进创新搜索的研究保持一致（Fabrizio，2009），并实现了一定程度的拓展。然而，吸收能力对知识搜索策略选择的作用在技术边界上并没有得到验证，也就是说，吸收能力强的企业，未必会在技术领域内部和外部同时开展知识搜索。这一结论说明，组织边界的二元性搜索对企业吸收能力的强弱水平更加敏感。组织边界和技术边界的结果不一致，一个可能的原因在于，知识在组织之间流动的难度高于技术领域之间。因为组织之间有人为控制的界限，为了确保竞争优势，知识的所有者（企业）在一定程度上会对自己的知识溢出加以控制。但是，开放式创新的视角说明，企业仅仅依靠自身的知识和内部研发是难以维持竞争优势的，所以，企业需要通过远程搜索获取企业外部的知识，而这个需求，对企业自身的能力提出了更高的要求。因此，吸收能力更高的企业才更有可能在组织内外开展二元性的本地—远程知识搜索。而知识的技术界限是抽象的、无形的，而且企业在创新过程中引用技术领域内部还是外部的知识，一定程度上还取决于企业是否实际需要。举例来说，如果企业创新所需的知识是在该创新项目所属的技术领域内的，那么即使企业吸收能力很强，也没有动机开展技术领域外的远程搜索。

第三，环境动态性与敌对性为何只在组织边界上对吸收能力和二元性知识搜索的关系有显著的调节作用，而在技术边界上没有显著影响？正如上文所述，组织边界是有形的、明确的，企业所需的组织外部的远程知识嵌入在其外部环境中，而企业在创新过程中又不可避免地需要一定量企业外部，即组织边界上的远程知识，此时，环境的动态性和敌对性就会对这一类型的知识搜索产生影响。而企业是搜索技术领域内部还是外部的知识，一定程度上取决于企业创新过程和问题解决过程中的实际需求。因此，不论吸收能力如何，企业为了完成某项创新任务或解决某个问题，都需要根据实际情况来决定到底需要哪种类型的知识。

本章研究在以下三个方面具有理论贡献：

第一，本章的研究结论有助于更好地理解吸收能力、外部环境，以及知识搜索二元性之间的关系。正如前文假设部分提到的，不同的理论视角对这三者的关系有着不同的解释。具体来说，资源观认为吸收能力促进企业的知识搜索二元性倾向，同时，环境动态性和敌对性分别加强和削弱这一关系；而交易成本理论则认为吸收能力会抑制企业知识搜索二元性倾向的同时，环境动态性和敌对性会削弱和加强这一关系。本章研究的实证结果证实并确认了资源观在解释制造业企业的本地—远程二元性知识搜索时更具解释力。

第二，以往关于企业本地—远程知识搜索的研究都仅仅着眼于单一维度的边界分类方法（Almeida, Dokko & Rosenkopf, 2003；Ahuja & Katila, 2001），或是关注跨越了边界的远程搜索（Rosenkopf & Nerkar, 2001），而缺乏多种边界的比较。不同于以往的研究，本章研究并不仅仅着眼于某一种边界的本地—远程搜索二元性，而是将组织边界和技术边界分别进行了假设检验，并最终进行比较。而两种边界的实证结果的不一致也说明了，这种分类和比较是有研究意义的，有助于了解并明确哪种边界上的搜索行为对企业吸收能力和环境因素这两类前因更为敏感，有助于解释企业的知识搜索策略选择的原因。此外，这种分类比较的方法也充实了企业知识搜索、尤其是知识搜索二元性的前因研究。

第三，本章的研究对象为企业在本地—远程知识搜索上的二元性，与以往较多研究中区别看待本地搜索和远程搜索的方法不同（Jaffe, Trajtenberg & Henderson, 1993；Almeida & Kogut, 1997），本章研究采用了组织二元性的研究视角将两种搜索策略进行了整合。而以往关于组织二元性的研究又过于集中于探索与利用（Cao et al. , 2009；He & Wong, 2004），因此本书将重点聚焦于较少研究涉及的本地搜索和远程搜索，并用二元性的视角来进行研究，从而对组织二元性的概念做出了一定的拓展，使其更加多元，这一拓展也响应了拉什和比尔金肖（Raisch & Birkinshaw, 2008）提出的建议。

第 4 章

企业冗余资源与外部环境对知识搜索策略选择的影响机制研究

4.1 引言

企业创新活动中的一个重要的因素便是组织冗余资源（Damanpour, 1987），也称组织冗余。组织冗余是企业在完成了一定水平的组织产出后剩余的资源，是一种实际存在或潜在的资源，可以作为一种缓冲，帮助企业成功适应内部调整的压力或外部环境变化带来的压力，还可以帮助企业根据外部环境的变化做出战略上的调整（Bourgeois, 1981; Nohria & Gulati, 1996）。

以往有关组织冗余的研究大多集中于从不同的理论视角探讨它的绩效作用，比如委托—代理理论（Davis & Stout, 1992）、期权理论（Tan & Peng, 2003）、组织理论（Singh, 1986; Nohria & Gulati, 1996）等等。在这些学者的努力下，冗余资源对企业绩效的作用已经逐渐明晰，从一开始验证组织冗余对企业绩效有正向或负向的线性作用（Singh, 1986; Bromiley, 1991），到后来更加全面和权变，证实了组织冗余与企业绩效之间存在着倒 U 形关系（Nohria & Gulati, 1996; Tan, 2003; Tan & Peng, 2003）。

在组织冗余的绩效研究日渐成熟的同时，却鲜有研究探讨组织冗余对企业决策的影响，而组织冗余恰恰会通过影响组织的资源配置决策来影响组织绩效（Cheng & Kesner，1997）。同时，企业的知识搜索是一个消耗资源的过程，尤其是二元性知识搜索这种成本较高、不确定性较大的活动，所以企业的资源水平对知识搜索策略的制定和开展起到了重要的作用。而组织冗余作为一种特殊的资源，在这个过程中产生的影响也是不容忽视的。因此，本章的主要研究问题便是：组织冗余对企业本地—远程二元性知识搜索策略选择倾向有什么影响？在本章中，笔者试图通过实证研究回答这个问题，一方面可以为学术界"组织冗余是资源还是成本"这一辩论补充依据，另一方面可以补充组织冗余作为企业决策前因的研究。

此外，现有研究在探讨组织冗余的影响时，往往将其看作是一个整体进行推理和验证。组织冗余可以按照被组织吸收的程度或可被再次利用的程度，划分为已吸收冗余（absorbed slack）、未吸收冗余（unabsorbed slack）、潜在冗余（potential slack）（Williamson，1975；Cheng & Kesner，1997；Greve，2003；Tan，2003；Herold，Jayaraman & Narayanaswamy，2006）。而不同类型的冗余，在组织决策的过程中是否会扮演着不同的角色，目前尚且缺少相应的理论推理（Singh，1986；Tan & Peng，2003），不同的研究也给出了不同的结论（Hambrick & D'Aveni，1988；Cheng & Kesner，1997；Tan，2003）。本章在检验了作为一个整体的组织冗余对企业知识搜索策略选择的作用之后，又加以延伸研究，打开了组织冗余的黑箱，检验了三种类型的组织冗余的作用，试图为这一理论局限提供更多的实证依据。

本章的内容安排如下：4.2 节为理论假设与模型构建；4.3 节介绍了本章研究的数据来源和所选样本，并介绍了变量的测度方法；4.4 节对研究数据进行了统计分析，并对假设检验结果进行汇总；4.5 节为研究结论和结果讨论，以及本章研究的理论贡献和研究局限；4.6 节为本章小结。

4.2 理论假设与模型构建

4.2.1 组织冗余与知识搜索策略选择

从组织冗余的定义可以看出，组织冗余可以作为一种资源以及缓冲。作为资源的冗余简单来说就是企业在完成日常生产任务的过程中暂时使用不上而被闲置的资源，比如闲置的人员、设备、流水线等等。而这些资源如果能够好好利用，是可以为组织的创新活动带来优势的（Cyert & March，1963），其中一个原因就是，组织冗余可以保证企业在可承受范围内利用闲暇资源开展试验，鼓励企业从事冒险性、创新性的活动（Levinthal & March，1981），比如知识搜索，特别是成本更高、风险更大的本地—远程二元性知识搜索。与问题解决式搜索不同的是，冗余驱动式搜索并非形势所迫，不是为了急于解决企业生产经营中的某个问题而开展的知识搜索，而是企业存在冗余资源，而这些冗余与其闲置，不如拿出来，在保证不影响企业正常生产经营、保证企业盈利性的前提下，开展一些以往认为难度较大的知识搜索与获取活动。冗余驱动式搜索已经被证实可以帮助企业在这些试验中探索新的知识，积累新的经验，甚至研发新的产品，以便在未来能够成功配置到组织的生产过程中，哪怕这些试验项目在当前看来价值并不大（March，1976），比如3M公司的明星产品——便利贴，便是冗余搜索的成果（Mokyr，1990）。所以，将冗余资源用于开展知识搜索，对于企业来说是一个很有吸引力的选择。

除了作为一种资源，组织冗余还可以作为一种缓冲，以调和在创新过程中来自组织内部或组织之间的各种冲突（Cyert & March，1963；Bourgeois，1981；Cheng & Kesner，1997）。企业在创新活动中会面临各种各样的问题，在企业需要解决这些问题但自身或所处的技术领域内却缺少所需知识和资源的情况下，便需要开展远程搜索，同时也需要本地搜索以挑选出可以和远程知识相匹配、组合的知识，也即二元性的本地—远程搜索。此时，由于问题的紧迫性和时效性，这种问题解决式搜索会让企业在同时开展本地搜索与远程搜索的时候，面临来自组织内部不同部门、团队、层级之间的冲突，以及组织与外部环境、其他组织之间的冲突。而与此不同的是，组织冗余作为“冲突的吸收器”（Bourgeois，1981），冗余驱动式的搜索发生于问题来临之前，是组织利用闲暇资源而开展的，因此，它拥有足够的时间和精力去广泛地开展知识搜索，同时慢慢调和这些不同来源的冲突，并逐渐积累有用的内外部知识以及这些知识的组合，以便在未来问题来临之时，更加有效、迅速地提供解决方案。而即使这些创新项目、知识搜索的结果并不理想甚至以失败告终，拥有足够组织冗余的企业也有足够的能力去消化这些后果，保护企业免受这些不确定性项目的消极影响（Nohria & Gulati，1996）。因此，组织冗余能够保证企业更加安全地开展包括二元性知识搜索在内的创新活动。

基于以上的推理，笔者提出如下假设：

H1：组织冗余较多的企业倾向于选择二元性本地—远程知识搜索策略。

4.2.2　环境因素的调节作用

1. 环境动态性

环境动态性的加剧，往往表现为市场需求和偏好的数量、速度的变化加剧（Tsai & Huang，2008；Akgün et al.，2007），技术变化的速度加快，同时这些变化的方向和程度更加难以预测（Joworski & Kohli，1993；Tsai & Huang，2008；Lichtenthaler，2009）。环境动态性会给企业带来更多的动荡与冲击，给企业的战略决策和实施过程带来更大的难度。而组织冗余可以在这种情况下发挥其缓冲和“冲突的吸收器”的作用（Bourgeois，1981），用于缓解环境的动荡给企业带来的各方面的问题。此外，作为资源的组织冗余可以被组织配置到各个需要的环节中，而在外部环境更加动荡、更加不确定性时，企业会将这些额外的、闲置的资源投入到需求最为迫切的地方。而企业中组织冗余的数量无论多少，始终是有限的，如果组织冗余用于在组织的其他流程环节对抗环境动态性带来的冲击和震荡，那么，能够用于开展知识搜索的就少了，特别是同样会带来风险和不确定性的本地—远程二元性知识搜索。

因此，笔者提出如下假设：

H2：环境动态性会削弱组织冗余对企业二元性知识搜索策略选择倾向的正向影响。

2. 环境敌对性

环境敌对性的增强，意味着环境中的资源更为稀缺、更难以获得，同时行业内的竞争更为激烈（Child，1972；Mintzberg，1979；Sharfman & Dean，1991）。此时，企业各方面的经营成本都会提升，而营利性更加不确定，经营难度增大，盈利的难度也更大。在这种情况下，企业需要控制成本，削减不必要的开支，而此时作为冗余的闲置人员、厂房、设备、土地、流水线等，由于短期盈利创收的可能性非常低，与其说是资源，其实更接近于企业白白养着而付出的“成本”。于是，为了控制成本，将有限的资源和资金投向更为需要的领域，冗余较多的企业会倾向于减少冗余，如关闭工厂、削减部门、裁减冗员、减少组织层级、减少人员津贴与薪水、调整债务结构等（Cheng & Kesner，1997），而不是将组织冗余继续用于创新活动，比如知识搜索。

此外，在这种形势较为紧张的情况下，企业即使开展知识搜索，也会更倾向于采用满意原则，而非最优原则，也即能够解决当下急需解决的问题即可，避免投入过多的时间、精力、金钱。因为在解决了问题之后额外进行的知识搜索本身也是一种组织冗余（Cyert & March，1963；Child，1972）。而且此时的知识搜索二元性倾向会降低，以避免二元性搜索带来有可能分散管理注意力的复杂性与冲突。

基于这样的分析，笔者提出以下假设：

H3：环境敌对性会削弱组织冗余对企业二元性知识搜索策略选择倾向的正向影响。

4.2.3 假设模型

综上所述，本章研究内容的理论模型如图 4－1 所示。

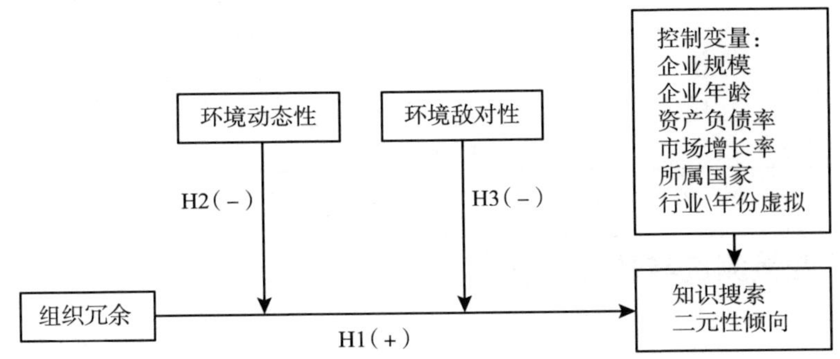

图4-1　组织冗余、环境特征与知识搜索二元性研究模型

4.3　研究方法

4.3.1　产业选择与数据来源

本章的研究样本依然是来自在美国上市的制造业企业。因为，第一，制造业企业的知识活动可以用专利行为进行衡量（Rosenkopf & Nekar，2001），专利数据是研究制造业企业知识管理的一个有力工具。第二，技术创新、知识管理领域的研究对制造业企业的关注由来已久（Cohen & Levinthal，1989，1990；Yamakawa，Yang，& Lin，2011；Wang & Li，2008）。第三，制造业的覆盖范围很广，有很多差异较大的细分行业，在美上市的制造业企业数量众多，能够提供足够的样本容量供笔者研究。

本章研究依然采用来自NBER专利数据库、compustat上市公司财务数据库、美国制造业经济普查数据库的数据。财务数据方面，除本书3.3.3节所列的原始变量外，在本章中，笔者根据实际需要，增加了两个原始变量，如表4-1所示：

表4-1　　　　　　　第四章增加的 compustat 数据库原始变量列表

变量名称	英文含义	中文含义
ACT	current assets-total	总流动资产
LCT	current liabilities-total	总流动负债

4.3.2　变量测度与数据处理

本章研究涉及的被解释变量——知识搜索策略选择，调节变量——环境动态性与敌对性，控制变量的测度均沿袭第 3 章的测度方法，因此此处不再赘述。

本章研究采用的解释变量为组织冗余。组织冗余通常被看作是一种边际资源或剩余（Child，1972），是一种“多余的流动性”（Mansfield，1968），能够帮助企业在执行冒险性的策略时提供一种缓冲（Bourgeois，1981）、帮助企业适应市场和技术的变化（Lawson，2001）。同时，组织冗余也会促进企业的远程知识搜索（Nohria & Gulati，1996）。在本章的研究中，我们采纳曼斯菲尔德（Mansfield，1968）、博尔顿（Bolton，1993）以及杨、霍尔普斯和斯蒂斯玛（Yang，Phelps & Steensma，2010）的方法，用流动比率（current ratio）来测度组织冗余，具体方式如下：

$$组织冗余 = \frac{ACT_{jt}}{LCT_{jt}}$$

其中，ACT_{jt}为 j 企业 t 年的流动资产总额，LCT_{jt}为 j 企业 t 年的流动负债总额。两个变量的来源均为 compustat 财务数据库。

4.3.3　数据分析方法

与第 3 章一样，本章研究依然采用 Stata 12.1 对面板数据进行分析。同样地，本章中的被解释变量也是作为二值选择变量的企业知识搜索策略选择。因此，笔者将继续采用逻辑回归的方法进行回归分析和假设检验。

4.4　研究结果

4.4.1　描述性统计与相关性检验

笔者在梳理、清洗、整合 NBER 专利数据库、compustat 上市公司财务数据库、美国制造业经济普查数据，并剔除有缺失值和仅有一年记录的企业—年份观测值后，得到了一个包含 1997 ~2000 年间 1 280 家企业 3 965 个观测值的面板数据集。这 1 280 家企业的描述性统计详见本书的 3. 4. 1 节。

本章研究所用变量的相关性检验结果见表 4 -2 和表 4 -3，分别为组织边界和技术边界上的变量相关系数矩阵。其中企业年龄和企业规模的相关性较高，然而这与实际情况相符，因为随着企业发展历程的推进，企业的规模也是在逐渐壮大的。其他的变量间 Pearson 相关系数均远低于 0. 6，没有明显的多重共线性怀疑，因此，变量符合纳入回归模型的标准。为了进一步消除可能存在的多重共线性影响，笔者在回归分析前将除被解释变量外的所有变量均做了中心化处理。此外，采用的分析软件 Stata 12. 1 的优点之一，也在于能够剔除潜在的多重共线性的影响。因此，多重共线性不是本章中需要重点关注的问题。

4.4.2　回归分析

与第 3 章类似，本章也是考察企业知识搜索策略选择的影响因素，被解释变量也是离散而非连续的二值选择变量。因此，应继续采用逻辑回归方法进行回归分析。

在本章中，笔者依然分别从组织边界和技术边界，采用多元分层次的逻辑回归对假设模型进行回归分析，让解释变量和交互项分批进入回归方程。这种方法的优点在于能够比较各组解释变量的解释力的大小（Guo et al. , 2015）。

表 4－2　描述性统计与相关性分析（组织边界）

项目	均值	标准差	最小值	最大值	1	2	3	4	5	6	7	8
1. 搜索策略	0.65	0.48	0	1	1.00							
2. 组织冗余	3.48	4.03	0	64.14	-0.07***	1.00						
3. 环境动态性	11.11	1.65	8.95	13.81	-0.04*	0.12***	1.00					
4. 环境敌对性	0.28	0.13	0.17	0.99	-0.003	-0.18***	-0.39***	1.00				
5. 企业规模	0.35	2.22	-5.81	6.15	0.26***	-0.38***	-0.21***	0.29***	1.00			
6. 企业年龄	18.61	15.85	1	50	0.26***	-0.29***	-0.27***	0.23***	0.61***	1.00		
7. 资产负债率	0.49	0.58	0.01	22.79	0.02	-0.25***	-0.13***	0.11***	0.12***	0.13***	1.00	
8. 市场增长率	0.07	0.07	-0.45	0.51	-0.01	0.03+	0.47***	-0.08***	-0.08***	-0.12***	-0.04*	1.00
9. 国别	0.08	0.27	0	1	-0.02	-0.08***	0.03+	0.01	0.19***	-0.09***	0.04*	0.02

注：a. N = 3 965。

b. 显著性：+表示 $p < 0.1$，*表示 $p < 0.05$，***表示 $p < 0.001$。

表 4－3　描述性统计与相关性分析（技术边界）

项目	均值	标准差	最小值	最大值	1	2	3	4	5	6	7	8
1. 搜索策略	0.907	0.290	0	1	1.00							
2. 组织冗余	3.48	4.03	0	64.14	-0.05**	1.00						
3. 环境动态性	11.11	1.65	8.95	13.81	-0.02	0.12***	1.00					
4. 环境敌对性	0.28	0.13	0.17	0.99	0.02	-0.18***	-0.39***	1.00				
5. 企业规模	0.35	2.22	-5.81	6.15	0.16***	-0.38***	-0.21***	0.29***	1.00			
6. 企业年龄	18.61	15.85	1	50	0.10***	-0.29***	-0.27***	0.23***	0.61***	1.00		
7. 资产负债率	0.49	0.58	0.01	22.79	0.04*	-0.25***	-0.13***	0.11***	0.12***	0.13***	1.00	
8. 市场增长率	0.07	0.07	-0.45	0.51	0.03+	0.03+	0.47***	-0.08***	-0.08***	-0.12***	-0.04*	1.00
9. 国别	0.08	0.27	0	1	0.01	-0.08***	0.03+	0.01	0.19***	-0.09***	0.04*	0.02

注：a. N = 3 965。

b. 显著性：+表示 $p < 0.1$，*表示 $p < 0.05$，**表示 $p < 0.01$，***表示 $p < 0.001$。

回归系数及其他统计量在表 4－4 中展示。其中，模型 1 是基础模型，其中只放入了自变量和控制变量。模型 2 在模型 1 的基础上加入了调节变量，即环境动态性和环境敌对性。模型 3 在模型 1 的基础上增加了调节变量环境动态性及其和自变量组织冗余的交互项。模型 4 在模型 1 的基础上增加了环境敌对性及其和组织冗余的交互项。模型 5 则为全模型，加入了所有的解释变量、交互项、控制变量。五个模型的卡方统计量均显著（$p < 0.001$），说明各模型的系数联合显著性较高。随着更多的解释变量和交互项进入回归方程，准 R^2（Pseudo－R^2）的值在逐步提高。

4.4.3　假设检验结果

假设检验的结果汇总于表 4－5。从表中可以看出，在组织边界上，三个假设均得到了验证，但是在技术边界上并未得到验证。这说明，组织冗余、环境动态性和敌对性对两种边界上的知识搜索二元性的影响是不同的。具体来说，组织冗余更多的企业更倾向于同时在组织内部开展本地搜索并在组织外部开展远程搜索，但不一定会在技术领域内外开展二元性知识搜索；环境动态性和敌对性的加剧都会在组织边界上削弱组织冗余对二元性策略选择倾向的正向影响，但在技术边界上的影响不明显。

1. 主效应

模型 1、模型 2、模型 3 均在组织边界上支持假设 H1，其中模型 3 最为显著（$p < 0.05$，系数为 0.02），说明拥有更多组织冗余的企业会更倾向于在组织边界上选择二元性知识搜索策略，同时在组织内部和外部搜索并获取知识和技术。然而，这种倾向在技术边界未得到验证，说明企业是否在技术领域内外同时进行知识搜索对组织冗余这一因素并不敏感。

2. 调节效应

模型 3 和模型 5 均证实了环境动态性在组织边界的调节作用，其统计显著性在组织边界上支持假设 H2（$p < 0.05$，系数为 －0.02）。较高的环境动态性，会让组织冗余更多的企业不再那么倾向于在组织内外开展二元性的搜索策略。

表 4-4　企业冗余资源与外部环境对知识搜索二元性影响的回归结果

项目	模型 1		模型 2		模型 3		模型 4		模型 5	
	组织边界	技术边界	组织边界	技术边界	组织边界	技术边界	组织边界	技术边界	组织边界	技术边界
常数项	-0.18 (0.27)	1.63 *** (0.40)	-5.46 (6.38)	12.15 (8.05)	-5.64 (6.41)	11.85 (7.96)	-0.05 (0.30)	1.84 *** (0.44)	-5.60 (6.49)	12.16 (8.02)
控制变量										
企业规模	0.26 *** (0.02)	0.32 *** (0.04)	0.26 *** (0.02)	0.32 *** (0.04)	0.26 *** (0.02)	0.32 *** (0.04)	0.26 *** (0.02)	0.32 *** (0.04)	0.26 *** (0.02)	0.32 *** (0.04)
企业年龄	0.03 *** (0.003)	0.001 (0.01)	0.03 *** (0.003)	0.002 (0.01)	0.03 *** (0.003)	0.002 (0.01)	0.03 *** (0.003)	0.002 (0.005)	0.03 *** (0.003)	0.002 (0.01)
资产负债率	0.0005 (0.06)	0.28 (0.19)	0.001 (0.06)	0.28 (0.19)	-0.001 (0.06)	0.28 (0.19)	-0.01 (0.06)	0.29 (0.20)	-0.01 (0.06)	0.30 (0.20)
市场增长率	0.36 (0.70)	1.85 (1.15)	0.36 (0.70)	1.91 (1.17)	0.35 (0.70)	1.90 (1.16)	0.36 (0.71)	1.86 (1.16)	0.35 (0.70)	1.90 (1.17)
国别	-0.39 ** (0.14)	-0.34 (0.23)	-0.39 ** (0.14)	-0.33 (0.23)	-0.39 ** (0.14)	-0.34 (0.23)	-0.39 ** (0.14)	-0.34 (0.23)	-0.39 ** (0.14)	-0.33 (0.23)
行业虚拟变量	已包含	已包含	已包含	已包含	已包含	已包含	已包含	已包含	已包含	已包含
年份虚拟变量	已包含	已包含	已包含	已包含	已包含	已包含	已包含	已包含	已包含	已包含
解释变量										
组织冗余	0.02 + (0.01)	0.02 (0.02)	0.02 + (0.01)	0.02 (0.02)	0.02 * (0.01)	0.02 (0.02)	0.01 (0.01)	0.03 (0.02)	0.01 (0.01)	0.03 (0.02)

续表

项目	模型1		模型2		模型3		模型4		模型5	
	组织边界	技术边界	组织边界	技术边界	组织边界	技术边界	组织边界	技术边界	组织边界	技术边界
环境动态性			-2.51 (2.95)	4.77 (3.72)	-2.55 (2.96)	4.73 (3.68)			-2.60 (3.00)	4.77 (3.70)
环境敌对性			-2.57 (2.14)	-3.78 (3.46)			-2.73 (2.15)	-3.61 (3.40)	-2.80 (2.14)	-3.68 (3.47)
交互项										
冗余X动态性					-0.02* (0.01)	-0.001 (0.01)			-0.02* (0.01)	0.000 (0.01)
冗余X敌对性							-0.15 (0.12)	0.13 (0.21)	-0.22+ (0.12)	0.13 (0.22)
Pseudo - R^2	0.0973	0.0614	0.0978	0.0626	0.0985	0.0621	0.0979	0.0620	0.0994	0.0628
对数似然值	-2 308.9531	-1 148.6779	-2 307.8344	-1 147.2033	-2 306.0201	-1 147.8039	-2 307.409	-1 147.8838	-2 303.6161	-1 147.0015
卡方	497.84***	150.25***	500.08***	153.20***	503.71***	152.00***	500.93***	151.84***	508.52***	153.60***

注：a. 以仅有一元搜索行为的企业为基准，共3 965个公司—年份观测值。

b. 表格中为回归系数，括号中为标准差。

c. 显著性：+表示 $p < 0.1$，*表示 $p < 0.05$，**表示 $p < 0.01$，***表示 $p < 0.001$。

表 4 -5　企业冗余资源与外部环境对知识搜索二元性影响的假设检验结果汇总

假设	内容	组织边界	技术边界
假设 H1	组织冗余较多的企业倾向于选择二元性知识搜索策略	支持	不支持
假设 H2	高环境动态性会削弱这种倾向	支持	不支持
假设 H3	高环境敌对性会削弱这种倾向	支持	不支持

在技术边界的统计不显著，则说明，在动荡的环境中，企业利用组织冗余开展知识搜索时，不太会关注这些技术知识的来源是否是和自己相同的技术领域。以下的交互作用图（见图 4 -2），可以看到环境动态性和组织冗余对企业知识搜索策略选择的交互作用，高环境动态性的倾斜程度略大于低环境动态性。

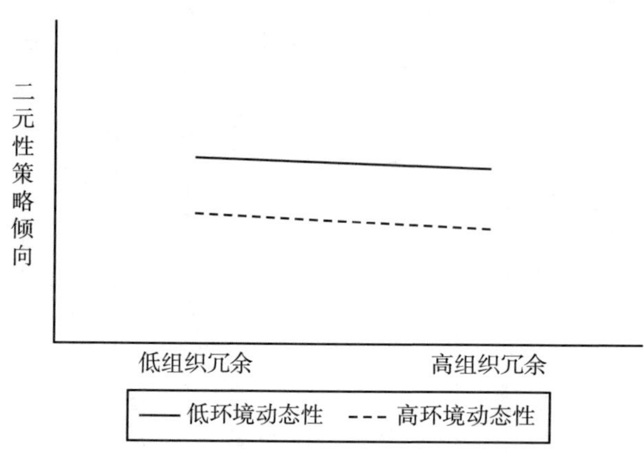

图 4 -2　组织冗余和环境动态性对企业组织边界二元性知识搜索策略倾向的交互作用

模型 5 验证了环境敌对性在组织边界上对搜索策略的调节作用，支持假设 H3（$p<0.1$，系数为 -0.22）。在敌对性更强的环境中，组织冗余较多的企业对于组织边界二元性搜索的意愿会被削弱。而环境敌对性在技术边界上的调节作用在统计上不显著，说明企业在利用组织冗余进行知识搜索的过程中，不太会关注其搜索的知识是否属于和自己相同的技术领域。因此，为了更加直观地表现敌对性和组织冗余对搜索策略的交互作用，笔者做了如下交

互作用示意图（见图 4－3）。

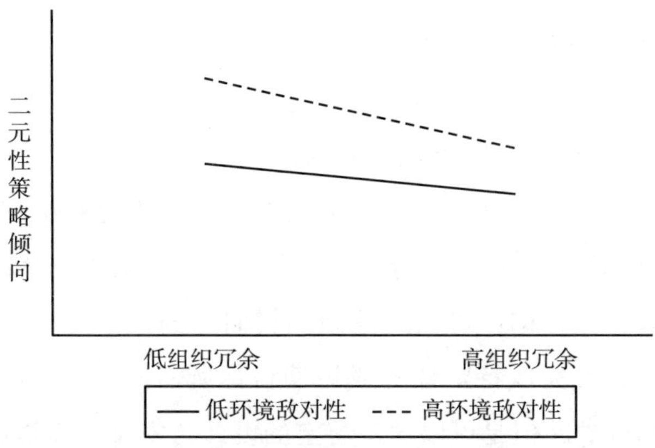

图 4－3　组织冗余和环境敌对性对企业组织边界二元性知识搜索策略倾向的交互作用

4.5　拓展研究

由以上几个小节的分析可以看出，组织冗余对企业组织边界知识搜索二元性倾向有正向作用，环境动态性和环境敌对性这一关系的负向调节作用也都得到了支持。技术边界方面则未得到验证。以上研究将组织冗余看作是一个整体的概念，继而进行假设提出和模型验证。然而，组织冗余作为一种特殊的资源，可以进一步细分为不同的类型，即按照重新分配和获取的难易程度可以划分为已吸收冗余、未吸收冗余、潜在冗余（Bourgeois, 1981；Bourgeois & Singh, 1983；Greve, 2003）。每个类型的冗余的来源均不同，在组织中也扮演着不同的角色（Singh, 1986；Tan & Peng, 2003）。由此可推断，三种类型的冗余在组织开展知识搜索的过程中有可能会发挥不同的作用，各自的作用也有可能会在一定程度上相互抵消。此外，组织冗余作为整体，在技术边界上的作用没有得到验证，因此更加有必要在上述研究模型的基础上，打开组织冗余这个黑箱，将三种冗余区分开来，分别观察它们在企业知识搜索的过程中发挥的作用。

4.5.1 研究问题与模型拓展

1. 三种组织冗余与知识搜索策略选择

组织冗余在组织中的存在形式，可以根据冗余资源被组织吸收的程度或可以被再次任意利用的程度，划分为已吸收冗余、未吸收冗余、潜在冗余。

已吸收冗余，也可称作可恢复冗余，它们已经被吸纳到组织生产要素和过程中，且多于企业完成特定任务或短期目标所需的量，因而被闲置。它们不容易进行重新配置，但是可以通过特定的设计与安排从而被释放（Williamson, 1975; Tan, 2003）。已吸收冗余中有一部分是对企业创新活动用处甚小的，比如昂贵的超出其本身价值的生产设备、付给员工高于应有水平的薪酬等等（Greve, 2003）。但是，已吸收冗余中也有对创新活动有用的，比如购置的用于研发活动的设备、训练有素的员工（Greve, 2003）等等，当然，也包括投入到知识搜索活动中的额外人员、资金、设备等。而这些投入如果出现剩余，可以直接促进冗余搜索，特别是本地—远程二元性知识搜索。此外，已吸收冗余在组织内部被广泛分配，而知识搜索活动也会是受益的一方。

未吸收冗余，也称可利用冗余，这类冗余处于闲置状态，尚未被投放到组织生产过程中，容易被识别并重新利用（Tan, 2003; Herold, Jayaraman, Narayanaswamy, 2006），其财务方面的表现形式包括现金、可交易证券、折旧费用、留存收益等（Tan & Peng, 2003; Greve, 2003; Huang & Chen, 2010）。潜在冗余，是指在未来能够为企业所用的冗余资源（Bourgeois & Singh, 1983; Greve, 2003），一般采用企业的偿债能力或借贷能力进行衡量（Greve, 2003; Wiseman & Catanach, 1997），比如企业借出的资源占资源总量的比值，以及企业负债占所有者权益的比值。这两种类型的冗余往往以资金的方式存在，虽然它们对研发创新活动没有直接的作用，但是可以影响企业在这方面的决策活动（Greve, 2003）。有了更多未吸收冗余或潜在冗余，意味着企业有了更多财务资源，从而对不确定性较高的创新活动和项目的短期绩效控制有所放松，可以将目光放得更加长远（Greve, 2003）。如果企业的财务资源冗余较少，那么原本很有前途但是短期绩效作用尚不明确的新项目很有可能会流产（Lounamaa & March, 1987）。同时财务资源的缺乏，也会让企业没有足够的财力去支持必要的知识搜索，尤其是包含了成本较高的远程搜索的二元性知识搜索，从而会让企业缺乏足够的经验和依据对新项目进行评估。

基于以上的分析和推理，笔者提出如下一组假设：

H4a：已吸收冗余较多的企业倾向于选择二元性本地—远程知识搜索策略。

H4b：未吸收冗余较多的企业倾向于选择二元性本地—远程知识搜索策略。

H4c：潜在冗余较多的企业倾向于选择二元性本地—远程知识搜索策略。

2. 环境因素的调节作用

（1）环境动态性。

在环境动态性加剧的情况下，市场需求和偏好变化加剧（Tsai & Huang, 2008; Akgün et al., 2007），技术变化速度加快，而且，这些变化的方向和程度更加难以预测（Joworski & Kohli, 1993; Tsai & Huang, 2008; Lichtenthaler, 2009）。

表现在已购入的设备、已培养的人员、已投入的时间和精力等方面的剩余资源，也就是已吸收冗余，由于已经被广泛地投放到了相应的生产和经营过程中，包括相应的知识搜索相关环节，因此难以进行再次的调度。在更为动荡、不确定的环境中，市场和技术变幻莫测，已经投入到以往适用的知识搜索方向的资源即使产生了冗余，此时也难以调度到能够迎合外部环境变化的知识搜索方向上。因此，在动荡的环境中，已吸收冗余原先带来的搜索倾向会被削弱。

未吸收冗余作为尚未被组织生产和经营流程所吸收的冗余资源，常常表现为现金、可交易证券等即可兑现的资产（Tan, 2003; Greve, 2003）。这些冗余资源可以被迅速投放到其适合的流程中去。潜在冗余往往也是用企业财务能力进行衡量，即企业的偿债能力或借贷能力（Greve, 2003）。企业如果拥有较多的这两类冗余资源，则意味着企业的财务能力较好。在环境更为动荡不安、变幻莫测的时候，企业可以选择将流动资产变现或以举债的方式，将资金投入到所需要的组织环节中去，包括知识搜索，尤其是二元性知识搜索。但是，在不确定性较高的环境中，企业管理者识别某项知识是否具有价值的能力会被大大削弱，需要更多的资源去进行校验，知识的获取难度和成本都会大大提高，因而知识搜索的成本也会提高。但是企业的资金水平始终是有限的，在短期内能够提升的空间也是有限的，在同样水平的资金冗余总量下，在动荡的环境中能够搜索并获取的知识数量减少，企业的知识搜索活动，尤其是二元性知识搜索倾向会被抑制。

因此，本拓展研究给出的假设如下：

H5a：环境动态性会削弱已吸收冗余对企业二元性知识搜索策略选择倾向的正向影响。

H5b：环境动态性会削弱未吸收冗余对企业二元性知识搜索策略选择倾向的正向影响。

H5c：环境动态性会削弱潜在冗余对企业二元性知识搜索策略选择倾向的正向影响。

（2）环境敌对性。

在环境敌对性加剧时，企业面临的是资源匮乏、竞争激烈的局面。

已吸收冗余较多的企业，已经投入资金购入了较多研发所需的设备，或是投入了精力培养了大批训练有素的专业人员，并在创新相关的活动中投入了大量的时间。这些投入都是沉没成本，是由于过去的决策而产生的，并不会因为未来的决策而改变。而且这些冗余广泛地分布在组织中，知识搜索相关的流程也是冗余分布的区域之一。在外部环境中资源匮乏且企业间竞争加剧的情况下，既然企业无法收回这些投资，这些冗余资源又难以被重新配置，那么不如将它们都投入到其原本所处的组织流程中。比如将那些原本就从事知识搜索工作，但是以前由于任务较为简单而闲置的人员，投入到环境敌对性加剧情况下的知识搜索任务中。此时，尽管敌对的外部环境能带来的资源非常有限，但是这些已吸收冗余恰恰就是以往被闲置的资源，可以在此时投入使用。而在充足的已吸收冗余的驱动下开展的知识搜索，还是可以或多或少给企业带来一些有用的知识与资源来应对环境敌对性。

充足的潜在冗余意味着企业有较强的偿债能力或借贷能力，也即有较为充足的财务资源，这一方面的组织冗余也是不会随着环境和未来的决策而改变的。在环境敌对性加剧的情况下，资源更加难以获得，行业中的竞争越发激烈，想要获取知识和资源，尤其是不受企业控制的组织外部或技术领域之外的知识和资源，变得更加困难。但是，有足够财务资源的企业，可以通过举债的方式，付出比财务资源较为紧张的企业更多的资金，投入到组织环节中，包括通过知识搜索来获取需要的信息和知识。

未吸收冗余由于尚未被吸收进组织研发或生产的各个流程中，因此可以被重新配置和安排。未吸收冗余在组织中的存在形式通常为现金、可交易证券等流动性较强的资产（Greve，2003），在环境敌对性加剧的情况下，企业可以将现金或可交易证券变现后，直接投入到最为需要的组织流程中，而这个最为需要的组织流程，很有可能不是知识搜索环节，因为企业经营的目标就是利润最大化，而在敌对的环境中，企业的经营目标更为短期化。知识搜索，尤其是包含了远程搜索的本地—远程二元性知识搜索本就是一项较为长期、风险大、投入大但结果比较不确定的活动，在这种情况下，能得到企业全力支持的可能性较小。此时，企业还是更倾向于将这些资金投入在能够短期见效且营利性较为明确的项目上。

综上所述，本拓展研究给出以下相应的一组假设：

H6a：环境敌对性会增强已吸收冗余对企业二元性知识搜索策略选择倾向的正向影响。

H6b：环境敌对性会削弱未吸收冗余对企业二元性知识搜索策略选择倾向的正向影响。

H6c：环境敌对性会增强潜在冗余对企业二元性知识搜索策略选择倾向的正向影响。

3. 模型拓展

本拓展研究拟分析的研究模型如图 4 -4 所示。

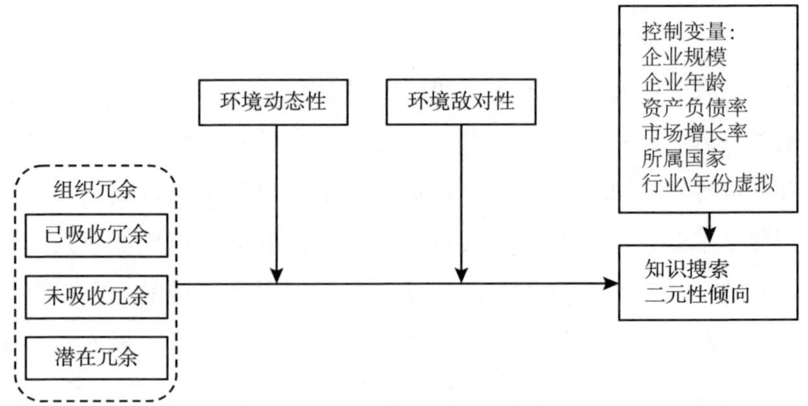

图4－4 组织冗余拓展研究理论模型

4.5.2 变量测度

本拓展研究在本章上述研究的基础上，将组织冗余拆分为三种不同的类型，除此之外，被解释变量、调节变量、控制变量均与前半部分的研究保持一致。需要重新测度的仅三种组织冗余。笔者沿用以往研究中的方法，用相应的财务指标来测量这三种不同的组织冗余。

已吸收冗余。也称为“可恢复冗余”，此类冗余所包含的资源已经被投放到生产要素中，不易被重新配置（Williamson，1975；Bourgeois，1981），而且这些资源运行成本较高，但可以通过重新设计恢复到正常水平（李剑力，2010）。此处笔者采纳格里弗（Greve，2003）、布罗米利（Bromiley，1991）等人的方法，用销售费用、管理费用、一般费用与销售额的比值来构造已吸收冗余，具体方法如下：

$$\text{已吸收冗余} = \frac{XSGA_{jt}}{SALE_{jt}}$$

其中，$XSGA_{jt}$为j公司t年的销售与一般管理费用，$SALE_{jt}$为其销售额。两个变量均来自compustat数据库。

未吸收冗余。也可称作“可利用冗余”，此类冗余资源的流动性相对较高，尚未被投入到生产要素中，可以被重新配置（Bourgeois，1981；Tan，2003）。笔者根据以往学者的方法（Greve，2003；Baucus & Near，1991；Combs & Ketchen，1999），用可变现资产与债务的比率来测量未吸收冗余，具体方法如下：

$$\text{未吸收冗余} = \frac{CHE_{jt}}{LT_{jt}}$$

其中，CHE_{jt}为 j 公司 t 年的可变现资产（现金、可交易证券等）总额，LT_{jt}为债务总额。两个变量均可从 compustat 上市公司财务数据库中获取。

潜在冗余。潜在冗余被视作可在未来产生资源的一种能力，而这种能力通常用企业长期偿债能力或借贷能力来衡量，即负债权益比率（Greve，2003；Bergh，1995；Davis & Stout，1992）。需要指出的是，如果负债的比例越高，则长期的偿债能力和借贷能力就越弱，企业的潜在冗余就越少（Greve，2003）。所以，笔者采用负债权益比例的倒数来测度潜在冗余，数值越大则偿债能力越强，潜在冗余越多。具体方式如下：

$$\text{潜在冗余} = 1 \Big/ \frac{LT_{jt}}{SEQ_{jt}}$$

其中，SEQ_{jt}为 j 公司 t 年的股东权益，LT_{jt}同上，为债务总额。这两个变量同样取自 compustat 数据库。

4.5.3 相关性检验与回归分析

三种冗余资源和其他变量的相关系数矩阵如表 4-6 与表 4-7 所示，分组织边界和技术边界进行展示。由表可见，三种组织冗余之间的 Pearson 相关系数绝对值均低于 0.1，且这三种冗余和其他变量的相关系数绝对值均低于 0.4，不存在显著的多重共线性问题，可进入回归方程进行分析。拓展研究依然采用 Stata 12.1 对二值选择模型进行逻辑回归分析处理，回归结果如表 4-8 所示。

表 4-6　　描述性统计与相关性分析（组织边界）

项目	均值	标准差	最小值	最大值	1	2	3	4	5	6	7	8	9	10
1. 搜索策略	0.65	0.48	0	1	1.00									
2. 已吸收冗余	0.62	5.07	0	283.5	-0.003	1.00								
3. 未吸收冗余	1.33	3.08	0	62.83	-0.08***	0.08***	1.00							
4. 潜在冗余	1.06	11.94	-396	412.79	-0.07***	0.01	-0.03+	1.00						
5. 环境动态性	11.11	1.65	8.95	13.81	-0.04*	0.003	0.13***	0.14***	1.00					
6. 环境敌对性	0.28	0.13	0.17	0.99	-0.003	-0.03+	-0.19***	-0.17***	-0.39***	1.00				
7. 企业规模	0.35	2.22	-5.81	6.15	0.26***	-0.12***	-0.37***	-0.36***	-0.21***	0.29***	1.00			
8. 企业年龄	18.61	15.85	1	50	0.26***	-0.07***	-0.28***	-0.26***	-0.27***	0.23***	0.61***	1.00		
9. 资产负债率	0.49	0.58	0.01	22.79	0.02	-0.02	-0.24***	-0.31***	-0.13***	0.11***	0.12***	0.13***	1.00	
10. 市场增长率	0.07	0.07	-0.45	0.51	-0.01	-0.003	0.02	0.05**	0.47***	-0.08***	-0.08***	-0.12***	-0.04*	1.00
11. 国别	0.08	0.27	0	1	-0.02	-0.02	-0.05***	-0.06***	0.03+	0.01	0.19***	-0.09***	0.04*	0.02

注：a. N = 3 965。

b. 显著性：+表示 $p < 0.1$，*表示 $p < 0.05$，**表示 $p < 0.01$，***表示 $p < 0.001$。

表 4-7　　描述性统计与相关性分析（技术边界）

项目	均值	标准差	最小值	最大值	1	2	3	4	5	6	7	8	9	10
1. 搜索策略	0.91	0.29	0	1	1.00									
2. 已吸收冗余	0.62	5.07	0	283.5	0.01	1.00								
3. 未吸收冗余	1.33	3.08	0	62.83	-0.05**	0.08***	1.00							
4. 潜在冗余	1.06	11.94	-396	412.79	-0.04**	0.01	-0.03+	1.00						
5. 环境动态性	11.11	1.65	8.95	13.81	-0.02	0.003	0.13***	0.14***	1.00					
6. 环境敌对性	0.28	0.13	0.17	0.99	0.02	-0.03+	-0.19***	-0.17***	-0.39***	1.00				
7. 企业规模	0.35	2.22	-5.81	6.15	0.16***	-0.12***	-0.37***	-0.36***	-0.16***	0.27***	1.00			
8. 企业年龄	18.61	15.85	1	50	0.10***	-0.07***	-0.28***	-0.26***	-0.27***	0.23***	0.58***	1.00		
9. 资产负债率	0.49	0.58	0.01	22.79	0.04*	-0.02	-0.24***	-0.31***	-0.13***	0.12***	0.10***	0.13***	1.00	
10. 市场增长率	0.07	0.07	-0.45	0.51	0.03+	-0.003	0.02	0.05**	0.47***	-0.08***	-0.06***	-0.12***	-0.04*	1.00
11. 国别	0.08	0.27	0	1	0.01	-0.02	-0.05***	-0.06***	0.03+	0.01	0.18***	-0.09***	0.04*	0.02

注：a. N = 3 965。

b. 显著性：+表示 $p < 0.1$，*表示 $p < 0.05$，**表示 $p < 0.01$，***表示 $p < 0.001$。

表 4-8 组织冗余拓展研究回归结果

项目	模型1		模型2		模型3		模型4		模型5	
	组织边界	技术边界	组织边界	技术边界	组织边界	技术边界	组织边界	技术边界	组织边界	技术边界
常数项	0.19 (0.28)	1.64 *** (0.40)	-5.46 (6.38)	12.40 (8.11)	-5.44 (6.41)	12.64 (8.03)	-0.08 (0.30)	1.93 *** (1.45)	-5.62 (6.51)	12.50 (8.25)
控制变量										
企业规模	0.27 *** (0.02)	0.34 *** (0.04)	0.26 *** (0.02)	0.34 *** (0.04)	0.26 *** (0.02)	0.34 *** (0.04)	0.27 *** (0.02)	0.36 *** (0.04)	0.27 *** (0.02)	0.36 *** (0.04)
企业年龄	0.03 *** (0.003)	0.002 (0.01)	0.03 *** (0.003)	0.002 (0.01)	0.03 *** (0.003)	0.003 (0.01)	0.03 *** (0.003)	0.002 (0.01)	0.03 *** (0.003)	0.003 (0.01)
资产负债率	-0.01 (0.07)	0.33 (0.22)	-0.01 (0.06)	0.34 (0.22)	-0.01 (0.07)	0.34 (0.22)	0.01 (0.07)	0.39 + (0.23)	0.002 (0.07)	0.37 (0.23)
市场增长率	0.39 (0.70)	1.89 (1.15)	0.38 (0.70)	1.95 + (1.18)	0.38 (0.70)	1.95 + (1.17)	0.39 (0.71)	1.93 + (1.17)	0.38 (0.70)	1.96 + (1.19)
国别	-0.40 ** (0.14)	-0.34 (0.23)	-0.40 ** (0.14)	-0.34 (0.23)	-0.40 ** (0.14)	-0.34 (0.23)	-0.40 ** (0.14)	-0.34 (0.23)	-0.40 ** (0.14)	-0.34 (0.23)
行业虚拟变量	已包含	已包含	已包含	已包含	已包含	已包含	已包含	已包含	已包含	已包含
年份虚拟变量	已包含	已包含	已包含	已包含	已包含	已包含	已包含	已包含	已包含	已包含
解释变量										
已吸收冗余	0.03 + (0.02)	0.09 * (0.05)	0.03 + (0.02)	0.09 * (0.05)	0.02 (0.02)	0.11 * (0.05)	0.06 ** (0.02)	0.21 * (0.10)	0.06 ** (0.02)	0.21 * (0.10)
未吸收冗余	0.02 (0.03)	0.001 (0.04)	0.02 (0.03)	0.002 (0.04)	0.02 (0.03)	-0.01 (0.04)	-0.04 (0.04)	0.05 (0.07)	-0.04 (0.04)	0.06 (0.07)
潜在冗余	-0.003 (0.02)	0.02 (0.03)	-0.003 (0.02)	0.02 (0.03)	0.0003 (0.02)	0.03 (0.04)	0.02 (0.02)	0.03 (0.04)	0.02 (0.02)	0.02 (0.04)
环境动态性			-2.50 (2.95)	4.88 (3.74)	-2.45 (2.97)	5.08 (3.71)			-2.58 (3.01)	4.89 (3.81)

续表

项目	模型 1		模型 2		模型 3		模型 4		模型 5	
	组织边界	技术边界	组织边界	技术边界	组织边界	技术边界	组织边界	技术边界	组织边界	技术边界
环境敌对性			-2.58 (2.14)	-3.71 (3.47)			-2.79 (2.16)	-2.60 (3.46)	-2.84 (2.12)	-2.68 (3.53)
交互项										
已吸收 X 动态性					-0.01 (0.01)	-0.03 (0.03)			-0.002 (0.01)	-0.02 (0.03)
未吸收 X 动态性					0.02 (0.02)	0.04 (0.03)			0.01 (0.02)	0.04 (0.03)
潜在 X 动态性					-0.03^{+} (0.02)	-0.03 (0.02)			-0.02 (0.01)	-0.03 (0.02)
已吸收 X 敌对性							0.66^{*} (0.26)	2.00^{+} (1.17)	0.64^{*} (0.28)	1.92 (1.19)
未吸收 X 敌对性							-0.98^{*} (0.44)	0.64 (0.74)	-0.91^{*} (0.45)	0.86 (0.74)
潜在 X 敌对性							0.42^{+} (0.24)	0.10 (0.41)	0.32 (0.25)	-0.10 (0.42)
Pseudo - R^2	0.0981	0.0653	0.0985	0.0665	0.0995	0.0675	0.1004	0.0691	0.1015	0.0706
对数似然值	-2 307.02	-1 143.86	-2 305.90	-1 142.37	-2 303.27	-1 141.15	-2 301.1401	-1 139.23	-2 298.18	-1 137.37
卡方	501.71^{***}	159.90^{***}	503.95^{***}	162.86^{***}	509.21^{***}	165.31^{***}	513.47^{***}	169.15^{***}	519.39^{***}	172.87^{***}

注：a. 以仅有一元搜索行为的企业为基准，共 3 965 个公司—年份观测值。

b. 表格中数字为回归系数，括号中为标准差。

c. 显著性：+表示 $p < 0.1$，*表示 $p < 0.05$，**表示 $p < 0.01$，***表示 $p < 0.001$。

4.5.4　假设检验结果

三种组织冗余的直接作用及其与环境因素的交互作用的假设检验结果汇总在表 4 -9 中。从表中的信息可以看出：①在主效应上，已吸收冗余的作用在组织边界和技术边界上都得到了证实，而未吸收冗余和潜在冗余的作用未被验证，说明已吸收冗余较多的企业会倾向于在组织内外或技术领域内外同时开展知识搜索，但未吸收冗余和潜在冗余较多的企业的搜索倾向则不确定；②环境动态性会削弱潜在冗余对企业同时在组织内外开展知识搜索的策略倾向，但是未必会影响企业是否在技术领域内外开展二元性搜索的策略选择，同时，已吸收冗余和未吸收冗余对知识搜索倾向的作用不受环境动态性的影响；③环境敌对性对三种冗余和知识搜索策略选择的关系的影响在组织边界均得到了证实，但是在技术边界上，环境敌对性仅会增强已吸收冗余和二元性知识搜索策略选择的正向关系。

表 4 -9　　　　组织冗余拓展研究的回归结果汇总

假设	组织边界	技术边界
H4a：已吸收冗余较多的企业倾向于选择二元性本地—远程知识搜索策略	支持	支持
H4b：未吸收冗余较多的企业倾向于选择二元性本地—远程知识搜索策略	不支持	不支持
H4c：潜在冗余较多的企业倾向于选择二元性本地—远程知识搜索策略	不支持	不支持
H5a：环境动态性会削弱已吸收冗余对企业二元性知识搜索策略选择倾向的正向影响	不支持	不支持
H5b：环境动态性会削弱未吸收冗余对企业二元性知识搜索策略选择倾向的正向影响	不支持	不支持
H5c：环境动态性会削弱潜在冗余对企业二元性知识搜索策略选择倾向的正向影响	支持	不支持
H6a：环境敌对性会增强已吸收冗余对企业二元性知识搜索策略选择倾向的正向影响	支持	支持
H6b：环境敌对性会削弱未吸收冗余对企业二元性知识搜索策略选择倾向的正向影响	支持	不支持
H6c：环境敌对性会增强潜在冗余对企业二元性知识搜索策略选择倾向的正向影响	支持	不支持

1. 主效应

已吸收冗余对企业二元性知识搜索策略选择倾向有正向的影响（显著性最高时，$p<0.01$），并且这一关系在组织边界与技术边界均得到了验证，支持假设 H4a。未吸收冗余和潜在冗余的影响在两个边界上均未得到验证。这一结论也与现有研究保持一致（Greve，2003），认为已吸收冗余越多，便越能够促进企业的知识搜索程度。

2. 调节效应

此时，环境动态性仅在组织边界上对潜在冗余和搜索策略倾向的关系起负向的调节作用，这一结果在组织边界上支持假设 H2。同时，为了更加直观地表现这一关系，笔者作了如下的交互作用图（见图 4-5）。

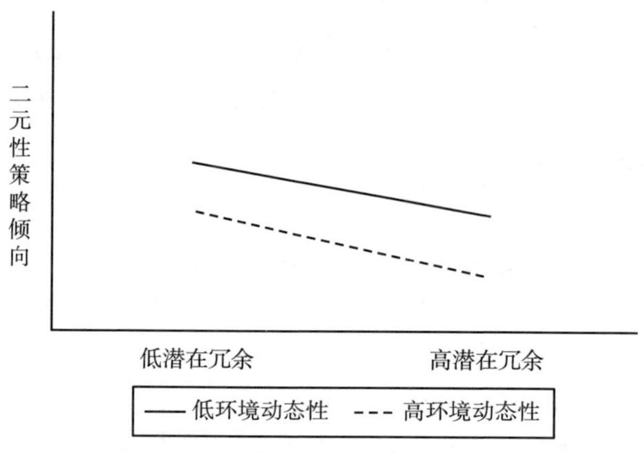

图 4-5 潜在冗余和环境动态性对企业组织边界二元性搜索策略的交互作用

环境敌对性在组织边界上对未吸收冗余和二元性搜索倾向的关系起到负向的调节作用，这一结论在组织边界上支持假设 H3。笔者作交互作用图如图 4-6 所示。

同时，笔者也发现一个有趣的结果，环境敌对性和已吸收冗余在组织边界与技术边界上均对二元性搜索倾向有正向的交互作用，同时，敌对性和潜在冗余在组织边界上对二元性搜索倾向也有正向的交互作用。这与作为一个总体时的组织冗余的作用是相反的。说明组织冗余的三种不同类型确实在企业知识搜索的过程中扮演发挥着不同的作用，存在相互抵消的关系。三个正向交互作用的示意图如图 4 –7 ~ 图 4 –9 所示：

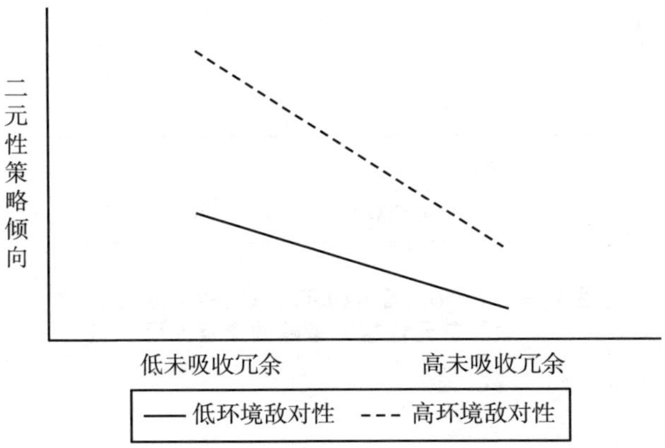

图 4 –6　未吸收冗余和环境敌对性对企业组织边界二元性搜索策略的交互作用

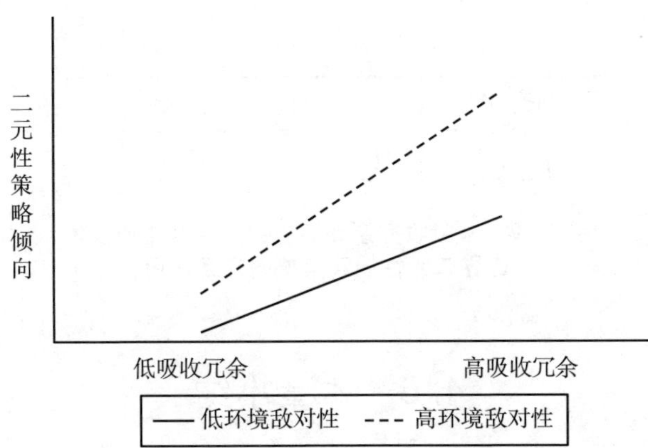

图 4 –7　已吸收冗余和环境敌对性对企业组织边界二元性搜索策略的交互作用

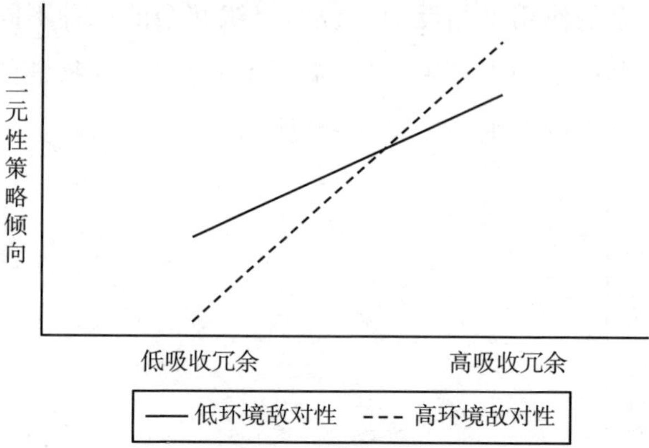

图4－8 已吸收冗余和环境敌对性对企业技术边界二元性搜索策略的交互作用

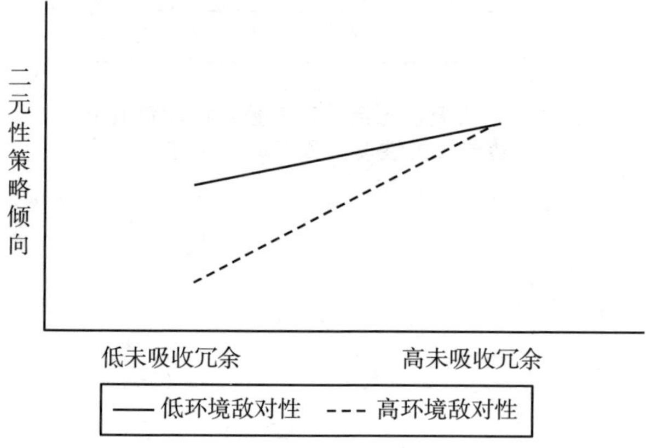

图4－9 未吸收冗余和环境敌对性对企业技术边界二元性搜索策略的交互作用

4.6 本章小结

4.6.1 结论

本章选取在美国上市的企业中的制造业企业作为研究样本，并设定时间窗口为 1997 ~2000 年，在剔除了缺失值和仅有一年观测值的记录后，得到了共包含 21 个细分行业、1 280 家企业共 3 965 条观测值的面板数据。在假设检验的过程中，笔者将被解释变量——企业的本地—远程知识搜索策略，分组织边界和技术边界进行测度，并检验了作为一个整体的组织冗余对搜索策略选择的影响机制，同时引入了环境动态性和环境敌对性作为调节变量。随后，笔者在以往研究的启发和建议下（Singh，1986；Greve，2003；Tan & Peng，2003），打开了组织冗余的黑箱，将组织冗余细分为已吸收冗余、未吸收冗余、潜在冗余，并进一步检验了三种冗余以及它们和环境因素的交互对企业知识搜索策略选择的影响。具体的实证结论如下所示：

（1）主效应：组织冗余较多的企业会倾向于在组织边界上选择二元性本地—远程知识搜索策略，其中发挥作用的主要是已吸收冗余。较多的已吸收冗余还会使企业倾向于在技术边界上开展二元性本地—远程知识搜索，但是这一作用会被其他类型的冗余所掩盖，即作为一个整体的组织冗余对企业知识搜索策略选择的影响并不显著。

（2）环境动态性的调节作用：环境动态性会在组织边界上削弱组织冗余对企业二元性知识搜索策略选择倾向的正向影响，而在其中起到主要作用的冗余是潜在冗余。而无论是作为一个整体的组织冗余还是细分为三种类型的组织冗余，对技术边界上的企业知识搜索策略选择的作用都不一定会受环境动态性的影响。

（3）环境敌对性的调节作用：环境敌对性会在组织边界上削弱组织冗余对企业二元性知识搜索策略选择倾向的正向影响，但是三种冗余资源在其中起到的作用并不相同：已吸收冗余、潜在冗余和二元性知识搜索倾向的正向作用会被环境敌对性增强，而未吸收冗余的作用则会被削弱。在技术边界上，环境敌对性会增强已吸收冗余对企业二元性知识搜索策略选择倾向的正向影响，但是对整体组织冗余的作用没有显著影响。

4.6.2　讨论

本章的实证检验结论中有以下问题值得讨论：

第一，在技术边界上，为何已吸收冗余对企业的二元性知识搜索有促进作用，但是组织冗余整体却对其没有显著影响？已吸收冗余中有一些对企业创新活动有利的，包括已购置的设备、已培养的人才、已投入的时间等已经被吸纳到组织的生产和经营过程中但是却过剩的资源。已吸收冗余在企业内部广泛分布，也包括知识搜索相关环节。当这些资源出现剩余，尤其是知识搜索相关的环节出现这些冗余，可以被直接用于冗余搜索，在压力较小、不紧迫的情况下通过内外部知识搜索积累经验和知识。但是未吸收冗余作为流动性非常强的可变现资源，以及潜在冗余这个企业偿债和借贷能力的体现，它们在组织中的分布区域是比较容易进行分配的。能够给企业带来收益或者培养企业能力、积累资源的战略活动有很多，特别是在对知识搜索相关活动投入了过多资源而出现冗余的情况下，企业更加不会倾向于将这两种冗余资源继续投放进去，而是会选择投向其他更为需要的部门与环节。在实证检验的结果中，未吸收冗余和潜在冗余对知识搜索策略选择的作用并不明确，因此，虽然已吸收冗余可以促进企业在技术边界上的二元性知识搜索，但是这一促进作用可能会被未吸收冗余和潜在冗余用途的不确定性所掩盖。

第二，在技术边界上，为何组织冗余整体对二元性知识搜索倾向的作用不受环境敌对性的影响，但是已吸收冗余的作用却会被环境敌对性增强？正如第一点中所讨论的，已吸收冗余已经被配置到组织的流程中去，而且这些冗余都是沉没成本，无法收回，也难以被重新配置。但是在环境敌对、资源缺乏、竞争激烈的情况下，这些冗余就是企业难得的资源，可以用于弥补外部环境资源匮乏的窘境。但是，实证结果表明，未吸收冗余和潜在冗余的作用并不明显，说明在面临敌对的环境时，企业是否同时在技术领域内外开展知识搜索并不会过多考虑未吸收冗余和潜在冗余，虽然这两者也许会对企业的决策产生影响。因此，出现这种情况的原因可能是因为已吸收冗余的作用被未吸收冗余和潜在冗余所掩盖。

第三，在组织边界上，未吸收冗余对二元性知识搜索倾向的正向作用会被环境敌对性削弱，而已吸收冗余和潜在冗余的作用会被环境敌对性增强，但为何组织冗余整体的作用会被削弱？正如上文和假设部分中所提到的，已吸收冗余是一种沉没成本，无法收回，但是却可以在环境敌对时作为资源投入使用，同时，潜在冗余能够使企业通过举债的方式获取资金支援知识搜索。但是，未吸收冗余的可变现、可流通性强，企业不一定将其用在风险大、成本高的本地—远程二元性知识搜索上。实证结果与假设一致，三种组织冗余和环境敌对性的交互确实对企业知识搜索二元性倾向表现出了不同的作用，但是当三者组成组织冗余这个总体时，这个交互的作用是负向的。这就说明，在敌对的环境中，未吸收冗余由于其本身的性质与可支配程度，因而起到的作用更大。同时，从回归系数列表中的模型 4 与模型 5 也可以看出，在相同的显著性水平上（$p<0.05$），未吸收冗余和环境敌对性交互的系数（-0.98 或 -0.91）与已吸收冗余和环境敌对性交互的系数（0.66 与 0.64）相加后，系数仍为负数，与组织冗余整体和环境敌对性交互的系数非常接近。而潜在冗余的系数虽为正，但是显著性水平较低（$p<0.1$），且仅在模型 4 中显著，在组织冗余整体中的作用不够稳定。至此，可以判断，在敌对的环境中，企业在决定是否会同时在组织内外开展知识搜索时，会重点考虑未吸收冗余的水平。

本章的研究对现有理论的贡献除了拓展并丰富组织二元性的内涵、实现多个边界上知识搜索的比较研究外，还有以下理论贡献：

本章研究不仅检验了组织冗余及其与环境的交互在企业二元性知识搜索过程中的作用，更打开了组织冗余的黑箱，验证了三种不同的组织冗余在环境因素的作用下，在这一知识搜索的过程中发挥的作用。现有研究大多将组织冗余作为一个整体进行理论假设与检验（Chen & Miller，2007；Dasi，Iborra & Safon，2015），但是也有研究将组织冗余拆开，分别检验不同类型组织冗余的作用。尽管有学者呼吁，这三种冗余来源不同，也发挥着不同的作用，没有理由将不同的冗余看作是同质的（Singh，1986），但大多数的实证结果并没有发现它们的不同（Tan & Peng，2003；Tan，2003；Nohria & Gulati，1996）。笔者通过对假设进行实证检验，不仅找出了在不同的外部环境因素作用下，组织冗余中到底是哪个部分对企业二元性知识搜索策略选择产生影响，更是验证了这三种冗余确实会发挥不同的作用，为以往少数持类似观点的研究提供了更多的实证依据（Singh，1986；Hambrick & D'Aveni，1988；Greve，2003）。

第 5 章

企业知识搜索策略选择对创新绩效的影响机制研究

5.1 引　言

组织二元性的理念最早来源于邓肯（Duncan，1976），他在自己的研究中提出了“二元性组织”这一概念来描述那些既有机械式结构又有有机式结构的双重结构组织。组织二元性是指企业通过特定的行为方式，同时开展截然不同、矛盾对立甚至相互竞争的战略行为（Duncan，1976；Tushman & O'Reilly，1996；Gibson & Birkinshaw，2004；Raisch & Birkinshaw，2008）。在组织二元性的视角中，企业面对相互竞争的需求和战略行为时，不再只能进行无奈的取舍，而是可以在一定条件下，通过组织二元性的方式对其进行平衡与组合（He & Wong，2004；Cao et al.，2009）。在邓肯（1976）之后，又有学者对其二元性组织的概念在不同领域内进行了拓展和延伸，探讨了多种类型的组织二元性，如演化与变革（Tushman & O'Reilly，1996）、差异化与低成本（Porter，1980）、柔性与效率（Abernathy，1978；Adler，Goldoftas & Levine，1999）、突破式创新与渐进式创新（Benner & Tushman，2003）、搜索与稳定（Rivkin & Siggelkow，2003）等。而随着玛驰（1991）提出了探索与利用这一对颇具概括性的组织二元性后，关于组织二元性的研究在组织理论中获得了越来越多学者的关注（Raisch & Birkinshaw, 2008）。

随着组织二元性研究热潮的兴起，企业知识搜索的研究中也渐渐有学者引入了组织二元性的视角，对两种截然不同的知识搜索行为进行研究与探讨。比如卡蒂拉和阿胡加（2002）用正交视角探讨了搜索宽度与深度的联合二元性对企业绩效的影响，尽管他们并未直接提出这一概念。由于玛驰（1991）的理论贡献，目前关于组织二元性的研究大多聚焦于探索与利用（He & Wong, 2004；Cao et al. , 2009），而即使是在知识搜索领域，学者们也大多探讨的是探索式搜索与利用式搜索（Jansen，Van den Bosch & Volberda，2006；Wang & Li, 2008），因此，有学者呼吁，组织二元性的概念和形式不应过于集中，需要更多的研究进行拓展，使其更加多元化（Raisch & Birkinshaw, 2008）。

笔者响应拉什和比尔金肖（2008）的建议，将研究聚焦于企业知识搜索中的本地搜索和远程搜索二元性，即企业同时开展本地搜索与远程搜索的行为，并将其定义为二元性本地—远程搜索。本地搜索与远程搜索的划分是依据企业在哪里进行知识搜索，或企业搜索并获取的知识来自哪里（Cyert & March, 1963；Stuart & Podolny, 1996；Russo & Vurro, 2010），相对应地，这个知识搜索的场所或知识来源可以是企业内部或外部（组织边界），也可以是企业所在的技术领域内部或外部（技术边界）。因此，那些在企业内部或企业所在的技术领域内部进行的知识搜索就是本地搜索，而在企业外部或技术领域外部进行知识搜索则为远程搜索。

从组织二元性概念诞生以来，便有研究对组织二元性的绩效研究进行探讨，毕竟企业经营的目标便是利润最大化，企业管理研究的一个重点议题则是企业如何存活并取得成功，这两点在一定程度上也是绩效的优化。尽管大多数相关研究都认为组织二元性，包括知识搜索二元性，能够给企业带来更高的绩效（Katila & Ahuja, 2002；He & Wong, 2004；Cao et al. , 2009），包括财务绩效、创新绩效等，但是也有研究通过实证分析给出了相反的观点。比如文卡特拉曼等（2007）对 1 005 家软件公司进行了实证研究，但是并未找到组织二元性能够提高企业绩效的证据，相反，他们发现，在不同的阶段采取不同的一元性战略（探索或利用），并随着时间的推进和任务的需要在两者之间交替切换能够给企业带来更高的绩效。因此，有学者提出，组织二元性的绩效研究仍然存在争议和局限（Raisch & Birkinshaw, 2008），需要更多的研究提供更多的理论与实证证据。而本章的研究目的，便是以企业知识搜索的二元性作为切入点，探讨组织二元性对企业绩效的作用，为这一问题现有的争议提供实证依据。

本章的研究内容安排如下：5.2 节提出理论假设并给出理论模型；5.3 节介绍本章研究的数据来源、研究样本以及变量的测度方法；5.4 节对研究数据进行相关性检验与回归分析，并对假设检验结果进行汇总和解释；5.5 节为稳健性检验，用新的测度方法测量企业的创新绩效并再次做了回归分析；5.6 节为研究结论与结果讨论，并对本章研究的理论贡献、管理实践启示进行了归纳，最后指出了本章研究的不足以及未来研究的可能性。

5.2 理论假设与模型构建

5.2.1 本地—远程二元性知识搜索与创新绩效

企业是一个由各种复杂的惯例组成的综合体，企业在经营的过程中是较为依赖以往的经验、惯例和知识基础的（Malerba, 1992），因此，企业会在一定程度上需要本地搜索。本地搜索具有低成本、低不确定性的优势（Pisano, 1990；Stuart & Podolny, 1996；MacKenzie, 1992；Tushman & Rosenkopf, 1992），还能够帮助企业在现有知识基础上开展搜索活动从而促进组织学习（Cohen & Levinthal, 1989），并通过重复或频繁的现有知识运用，实现企业的渐进性创新，在现有领域中变得更加专业（Rosenkopf & Nerkar, 2001）。但是过多的本地搜索带来的隐患也在企业管理实践不断深化的过程中慢慢凸显，长时间在较为熟悉的领域中开展知识搜索和问题解决活动，会限制企业的思维，造成企业的短视（Levinthal & March，1993），长此以往，可能会导致企业面临核心僵化（Leonard – Barton，1992）或跌入能力陷阱（Levitt & March，1988），从而给企业的创新绩效带来损害。

本地搜索的缺陷一定程度上可以通过远程搜索来弥补。远程搜索使得企业可以将目光从狭隘的范围投向更为广阔的世界中，通过接触以往不熟悉的知识来源，开阔视野，拓宽思路，获得与以往经验不同的技术与知识，并将这些新获取的知识与企业现有的知识相结合，从而找到更有效的问题解决方案（Katila & Ahuja，2002）。此外，通过远程搜索，不同企业会建立不同的知识获取渠道，获取的知识也会因此产生差异，这也帮助了企业与其他竞争者区分开来，从而开展差异化竞争（Katila，Chen & Piezunka，2012；Hannah & Piezunka，2014）。

但是，过度的远程搜索也会带来问题。企业知识搜索和问题解决过程包含了大量的决策，决策的开展来源于决策者的战略部署。远程搜索使得企业的触角深入到广阔而未知的领域，势必会带来更多的管理复杂性，而管理者的注意力是一种稀缺且昂贵的资源（Rapoport，1966；Koput，1997；Guo & Wang，2014），过度的远程搜索会消耗管理者大量的注意力。同时，组织行为理论认为，由于有限理性的存在，决策者是认知受限的（cognitively limited），并且决策时间、所掌握的信息与资源都是有限的（Cyert & March，1963；March & Simon，1958；Simon，1955；Afuah & Tucci，2012）。因此，在过度的远程搜索过程中，企业会忽视自身资源与相关熟悉领域知识的开发利用，阻碍企业自身能力的构建，同时也会导致企业管理成本的大量增加，反而会给企业带来负面影响。

因此，本地搜索与远程搜索各有利弊，如果仅仅开展单一的搜索行为，不可避免地会因为单一的知识搜索行为先天的缺陷，而给组织绩效带来损害。但是，相比仅仅开展一元性的知识搜索，二元性的本地—远程搜索，即同时开展本地搜索与远程搜索，可以在发挥两者的优势的同时，互相弥补劣势，从而最大限度地提升企业绩效。

综上所述，笔者提出以下假设：

H1：同时开展本地搜索和远程搜索，即二元性本地—远程知识搜索的企业，相比仅开展一元搜索行为的企业，能获得更高的创新绩效。

5.2.2 企业规模的调节作用

资源观认为，企业规模是企业所占有的且可以即刻投入使用的资源的一个强有力的表现（Cao et al.，2009）。与小企业相比，规模越大的企业更有可能拥有更大的资源基础以供其挑选（Penrose，1959；Chen & Hambrick，1995）；同时，规模越大的企业会拥有相对更多技术、资金上的冗余资源，而冗余资源可以缓冲风险和动荡对绩效带来的破坏，还可以缓冲本地搜索和远程搜索的不平衡所带来的风险（Thompson，1967；Bourgeois，1981；Cao et al.，2009）。因此更大的企业规模，一方面能够缓冲企业因为远程搜索而带来的高成本与高风险，另一方面还能为本地搜索提供足够多的本地知识基础，从而保证本地知识与远程知识的有效结合。

其次，规模更大的企业会拥有更强大的学习能力和动机（Almeida，Dokko & Rosenkopf，2003），其向外界进行学习的机会也会增加（Patel & Soete，1987）。为了要把外部吸收来的知识吸收并内化成自身的知识，企业需要调动已有的组织资源和管理能力（Dyer & Nobeoka，2000）。一方面需要定位到内部知识基础中已有的且与外部获取或内部产生的知识相匹配的部分；另一方面，企业需要发挥知识管理的能力，将现有的匹配知识与新获取或新产生的知识进行重新组合以产生全新的创新知识（Cohen & Levinthal，1990；Leiponen & Helfat，2010）。除此之外，知识的复杂性和缄默性，也对处理知识的内部组织结构提出了更高的要求（Sakakibara & Westney，1992），为了能够完成这一系列知识的吸收、转化、利用的流程，企业需要建立特殊的内部组织机制、流程和系统来连接并协调不同的部门。而规模较大的企业能够建立起这些不同的职能部门以协调本地搜索可能带来的内部冲突，并保证远程搜索的有效开展，从而提高二元性知识搜索的绩效。此外，企业规模还会增加企业向外部学习的机会，因为规模更大的企业会拥有更广阔的市场、技术和地理范围（Patel & Soete，1987），从而获得与外部环境更多方面的接触。而随着企业活动范围的拓展，大企业能够通过各种正式与非正式的机制（Almeida & Kogut，1997），接触到更多领域的智慧成果，从而促进其知识搜索与随之而来的创新绩效。此外，较大的企业规模还有助于企业分摊多样化搜索带来的成本。

因此，笔者提出以下假设：

H2：企业规模越大，采取二元性知识搜索策略的企业会获得更高的创新绩效。

5.2.3　环境因素的调节作用

组织理论的一个关键特征就是对企业外部环境的重视，企业所面临的商业环境中的动态性和竞争性是组织二元性的一个重要边界条件（Gibson & Birkinshaw，2004；Siggelkow & Levinthal，2003；Volberda，1998；Raisch & Birkinshaw，2008）。由于环境是信息和稀缺资源的一个来源（Duncan，1972；Lawrence & Lorsch，1967；Tung，1979；Tan & Litschert，1994；March & Simon，1958；Pfeffer & Salancik，1978），也是企业开展各种战略活动的背景和情境（Tan & Litschert，1994；Raisch & Birkinshaw，2008），因此，在组织通过执行战略决策对绩效产生作用的过程中，更加不能忽视外部环境的影响。此外，企业战略选择视角认为，企业的战略、组织结构、流程必须与外部不断变化的环境动态匹配（Thompson，1967；Child，1972；Venkatraman & Prescott，1990；Tan & Litschert，1994）。本章的研究将从环境动态性与环境敌对性这两个方面探讨环境因素对企业知识搜索策略选择和创新绩效的关系中起到的调节作用。

1. 环境动态性

环境动态性的加剧，代表着企业所面临的技术与市场环境的变化速率和程度的加剧，以及变化方向更加难以预测（Joworski & Kohli，1993；Tsai & Huang，2008；Akgün et al.，2007）。环境动态性的加剧对组织也提出了更高的要求，甚至有时会带来一系列互相冲突的要求，而能够开展二元性本地—远程知识搜索的企业，说明它们本身就具备一些特殊的能力，能够更好地调和这些互相冲突的要求，应对环境变化带来的挑战，相比仅仅开展一元性知识搜索的企业，它们能够获得更好的绩效（He & Wong，2004；Cao et al.，2009；Raisch et al.，2009）。

从资源观的视角来看，资源是企业赖以生存的基础，而环境是信息和知识这些稀缺资源的来源（Tung，1979；Tan & Litschert，1994；March & Simon，1958；Pfeffer & Salancik，1978），环境动态性的提升除了会带来技术和市场环境的动荡，但同时也会带来更多的机会（Sharfman & Dean，1991；Schilke，2014）。在动荡的环境中，那些能够开展二元性本地—远程知识搜索的企业，一方面可以通过远程搜索在获取更多的知识的同时，逐渐熟悉并在一定程度上把握环境的变化，抓住动荡的技术和市场中所产生的新机会，另一方面还可以通过内部搜索在挑选出能够与外部动荡的环境中获取的知识进行组合的同时，检视已有的知识基础，调整内部的知识结构，重视能够与外部环境匹配的知识，提高本地和远程知识的结合率、转化率，从而提高企业的创新绩效。但是，如果企业仅仅开展本地搜索，即在企业内部或是在企业所在的技术领域内部进行知识搜索，那么企业将无法适应外部环境的快速变化，难以把握最新的技术，难以产出适应外部市场变化的新知识新产品；而如果企业只开展远程搜索，只在企业外部或技术领域外部进行知识搜索和获取，忽略了已有知识基础的需求和特性，那么企业在远程获取的知识将会与企业本身的知识基础脱节，容易产生"水土不服"，从而难以通过与现有知识的组合而有所产出（Cohen & Levinthal，1993）。

根据以上推论，笔者提出假设如下：

H3：环境动态性正向调节二元性知识搜索策略选择与企业创新绩效之间的关系。

2. 环境敌对性

环境敌对性的提升，意味着环境中的资源更加稀缺、可得性较低，同时也伴随着企业之间愈发激烈的竞争（Child，1972；Mintzberg，1979；Sharfman

& Dean, 1991)。在敌对性较低的环境中，企业投入一定量的时间、精力、资金、技术，通过二元性的本地—远程知识搜索来帮助新知识、新产品的开发。但如果在敌对性较高的环境中，企业依然付出同样的时间、精力、资金成本，那么通过二元性知识搜索中的远程搜索获得的外部知识资源就会少很多，能够与本地知识相结合而产生的新知识也会减少，也即企业的创新绩效受到抑制。因为一方面，敌对环境中的资源总量本身就比敌对性低的环境中要少，那么，可以供企业进行搜索的知识自然也就少了；另一方面，由于竞争激烈，资源可得性低，企业付出的时间、精力、资金、技术的回报率也被降低了，那么企业如果投入与以往等量的资源进行知识搜索，能够获得的知识也会减少。

因此，笔者给出以下假设：

H4：环境敌对性负向调节二元性知识搜索策略选择与企业创新绩效之间的关系。

5.2.4　假设模型

综上所述，本章研究内容的理论模型如图 5－1 所示。

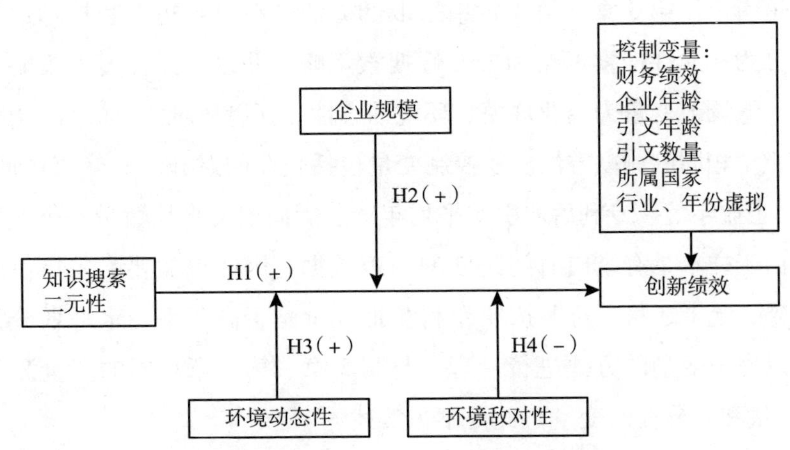

图 5－1　知识搜索的创新绩效效应研究模型

5.3 研究方法

5.3.1 样本选择与数据来源

本章研究与第3章、第4章类似，以在美国上市的制造业企业为研究样本。本章研究依托的数据来源依然是NBER专利数据库、compustat上市公司财务数据库以及美国经济普查数据。本章研究采用的专利数据库和经济普查数据库的原始变量与第3章相同。由于控制变量的构造需要，笔者从compustat财务数据库中又提取了净收益（NI）这一原始变量。

5.3.2 变量测度与数据处理

本章研究涉及的变量分为四个部分：①被解释变量为企业的创新绩效，考察了企业成功申请的专利的有用性和影响力。②自变量为企业的知识搜索策略，笔者沿用第3章、第4章中采取的方法，在组织边界和技术边界上进一步划分为一元性搜索策略和二元性搜索策略，并以一元性搜索策略为参照和基准。③调节变量为企业规模、环境动态性、环境敌对性，依然采用与第3章、第4章相同的测度方法。④控制变量包括企业的财务绩效（资产回报率，ROA）、企业年龄、专利后向引文平均年龄、后向引文平均数量、企业所属的国家。由于样本是有纵向时间跨度的面板数据，因此也需要引入年份虚拟变量。此外，笔者还将各行业按照专利获批数量是否高于平均水平划分为高低两组，以虚拟变量的方式进行处理。与第3章、第4章相同的变量测度方法（调节变量和部分控制变量）此处不再赘述。

1. 被解释变量：创新绩效

用专利数据对创新绩效进行测度的方法一般分为两种：一种是专利数量，

也被称作创新产出（Ahuja & Katila, 2001），即统计某年份中申请或被授予的专利的数量；另一种是专利质量，也被称作专利有用性（Fleming, 2001）或专利影响力（Rosenkopf & Nerkar, 2001；Kim & Park, 2013），指的是专利在申请成功后，也即被授予后，被引用的频次（Wang & Li, 2008）。笔者采用第二种测度方法即被引频次来测量本章中的被解释变量——创新绩效，同时，也保留对专利数量的考量，将其用作稳健性检验，具体内容可见 5.5 节。

考虑到截止到某个年份，越早申请成功的专利可能会拥有更多的被引频次（Rosenkopf & Nerkar, 2001），笔者采用截止到未来五年的“前向时间窗口”为限制条件来统计专利的被引频次，因为有研究观察到，专利的被引频次在专利被授予的五年后会锐减（Jaffe et al. , 1993；Kim & Park, 2013）。为了得到更为客观的专利影响力的数据，笔者还需要剔除专利被引记录中的自引数据（George, Kotha & Zheng, 2008；Yayavaram & Ahuja, 2008；Kim & Park, 2013）。此外，企业的知识搜索策略带来的效果不一定是立竿见影的，尤其是专利的授予有一定的时间间隔，而且企业能够开展知识搜索策略的能力也是具有积累性的，在一定程度上也会受到其创新成果积累的影响。因此，笔者采用“年份滞后模型”（Bromiley, 1991；Tan, 2003），将创新绩效的时间窗口开始年份滞后一年。综上所述，本章研究中 t 年的创新绩效的测度方法是：$(t+1)$ 年被授予的专利在未来五年内，即截止到 $(t+6)$ 年的被引频次，并且剔除自引。

由于 NBER 专利数据库的时间区间为 1976 ~ 2006 年，所以本章研究中的解释变量时间范围最晚应截止于 2000 年，才能保证创新绩效测度的时间完整性，避免出现右删的问题。此外，由于美国经济普查局的行业数据时间跨度为 1997 ~ 2001 年，因此，本章中的解释变量时间范围限定为 1997 ~ 2000 年，被解释变量——创新绩效则对应为 1998 ~ 2001 年被授予的专利在未来五年内的他引频次。

2. 控制变量

财务绩效。部分研究表明，企业的知识搜索行为对财务绩效也有影响

（Greve，2003；Wang & Li，2008）。此外，企业在财务方面的表现也会产生一定的冗余资源从而对创新绩效产生一定的作用（Yang，Phelps & Steensma，2010）。因此，笔者将财务绩效作为控制变量，并采用常用的 ROA（return on assets）来表征，具体测度方式如下所示：

$$财务绩效 = \frac{NI_{jt}}{AT_{jt}}$$

其中，NI_{jt}为j公司t年的净收益，AT_{jt}为其资产总额。数据来源自 compustat 财务数据库。

后向引文平均年龄。企业搜索到的知识的新旧程度会对企业的创新绩效产生一定的影响（Sørensen & Stuart，2000；Katila，2002）。引文的年龄越小，则代表其越新颖，而较为新颖的知识往往会比旧知识带来更高的创新绩效（Nerkar，2003）。因此，笔者也将专利引文的平均年龄纳入到控制变量中，测度方法如下：

平均引文年龄 = t 年专利的引文年龄总和/t 年专利引文总数

后向引文平均数量。企业的知识搜索总量对创新绩效往往有正向的影响（Kim & Park，2013），因为搜索的知识越多，意味着获取到有价值知识的机会就越高，产生的创新绩效也往往会更高。因此，沿用金和帕克（Kim & Park，2013）的方法，笔者将专利的平均引文数量作为控制变量，测度方法如下：

平均引文数量 = t 年专利的引文数量/t 年获取的专利总数

所属国家。有关于全球制药行业企业的研究表明，不同地区间的发展水平参差不齐，美国企业往往表现出更高的创新影响力，紧随其后的是欧洲和日本的企业（Kim & Park，2013）。因此笔者认为，不同国家的企业在总体上会表现出不同水平的创新绩效，非常有必要对企业的国别进行区分。在本章的研究中，笔者区分了美国企业与非美国企业，采用虚拟变量的方式进行处理，并分别赋值为 0 和 1。

行业虚拟变量。虽然样本企业均来自于制造业，但是正如前文所说，制造业中也有若干差异较大的细分行业，因此，与第 3 章、第 4 章类似，本章依旧以 3 位 NAICS 代码为分类标准，将样本企业分为 21 个细分行业，并分别计算每个行业的专利总数。高于平均水平的行业定义为高科技行业，赋值为 1；其他的则赋值为 0。

年份虚拟变量。由于本章的研究是有时间跨度的纵向研究，为了控制不同年份之间可能存在的差异，笔者引入年份虚拟变量进行控制。

5.4　研究结果

5.4.1　描述性统计与相关性检验

在本章问题的研究过程中，笔者整合并清洗原始数据，剔除了包含缺失值或仅有一年观测年份的观测值。此外，由于本章研究关注的是搜索策略选择对企业创新绩效的影响，因此，需要剔除创新绩效在每一个企业—年份观测值中均为 0 的企业。最后，笔者得到包含 1 274 家企业共 3 953 个观测值的面板数据。

本章研究所涉及变量的描述性统计和相关系数矩阵如表 5 - 1 和表 5 - 2 所示，将知识搜索策略分为组织边界和技术边界分别展示了变量间的相关系数，可见没有明显的多重共线性怀疑，变量符合纳入回归模型的标准。在变量进入回归模型之前，笔者对解释变量和控制变量均做了中心化处理，进一步剔除了可能存在的多重共线性问题，再结合 Stata 12. 1 的回归分析，因此，多重共线性并不是本章研究过程中需要重点关注的问题。

5.4.2　数据分析方法

由于本章研究模型中的被解释变量——企业创新绩效，是一个计数变量，因此，不能采用一般的普通最小二乘法回归（OLS regression），而应考虑泊松

表 5－1　　描述性统计与相关性分析（组织边界）

项目	均值	标准差	最小值	最大值	1	2	3	4	5	6	7	8	9
1. 创新绩效	157.28	638.05	0	9561	1.00								
2. 战略选择 1	0.65	0.48	0	1	0.16***	1.00							
3. 企业规模	0.36	2.21	－5.81	6.15	0.33***	0.27***	1.00						
4. 环境动态性	11.11	1.65	8.95	13.81	0.12***	－0.04*	－0.21***	1.00					
5. 环境敌对性	0.28	0.13	0.17	0.99	0.02	－0.002	0.30***	－0.39***	1.00				
6. 财务绩效	－0.09	0.55	－22.04	5.55	0.05***	0.07***	0.32***	－0.02	0.10***	1.00			
7. 企业年龄	18.62	15.86	1	50	0.13***	0.26***	0.61***	－0.27***	0.23***	0.17***	1.00		
8. 引文年龄	8.59	2.54	0	24	－0.14***	0.01	0.14***	－0.31***	0.18***	0.09***	0.22***	1.00	
9. 平均引文数量	13.15	13.07	0.25	232.8	－0.04*	0.13***	－0.12***	0.03*	－0.03	－0.05*	－0.07***	0.13***	1.00
10. 国别	0.08	0.27	0	1	0.20***	－0.02	0.19***	0.03+	0.01	0.01	－0.09***	－0.05***	－0.10***

注：a. N＝3 953。
b. 显著性：＋表示 $p < 0.1$，＊表示 $p < 0.05$，＊＊＊表示 $p < 0.001$。

表 5－2　　描述性统计与相关性分析（技术边界）

项目	均值	标准差	最小值	最大值	1	2	3	4	5	6	7	8	9
1. 创新绩效	157.76	638.95	0	9561	1.00								
2. 战略选择 2	0.91	0.29	0	1	0.07***	1.00							
3. 企业规模	0.36	2.21	－5.81	6.15	0.33***	0.16***	1.00						
4. 环境动态性	11.11	1.65	8.95	13.81	0.12***	－0.02	－0.21***	1.00					
5. 环境敌对性	0.28	0.13	0.17	0.99	0.02	0.02	0.30***	－0.39***	1.00				
6. 财务绩效	－0.09	0.55	－22.04	5.55	0.05**	0.01	0.32***	－0.02	0.10***	1.00			
7. 企业年龄	18.62	15.86	1	50	0.13***	0.10***	0.61***	－0.27***	0.23***	0.17***	1.00		
8. 引文年龄	8.59	2.54	0	24	－0.14***	0.07***	0.14***	－0.31***	0.18***	0.10***	0.22***	1.00	
9. 平均引文数量	13.15	13.07	0.25	232.8	－0.04*	0.17***	－0.12***	0.03*	－0.03	－0.05*	－0.07***	0.13***	1.00
10. 国别	0.08	0.27	0	1	0.20***	0.01	0.19***	0.03+	0.01	0.01	－0.09***	－0.05***	－0.10***

注：a. N＝3 953。
b. 显著性：＋表示 $p < 0.1$，＊表示 $p < 0.05$，＊＊表示 $p < 0.01$，＊＊＊表示 $p < 0.001$。

回归（poisson regression）或负二项回归（negative binomial regression）。通过观察法可知，被解释变量的均值和标准差相差较大，标准差是均值的 4 倍多，存在过度分散，不符合泊松回归的要求（要求均值和标准差近乎相等）。为了进一步确认是否应该采用负二项回归，笔者用样本数据做面板负二项回归，得到过度分散参数 alpha 的 95% 置信区间不包含 0，因此，可以在 5% 的显著性水平上拒绝过度分散参数 $\alpha=0$ 这一原假设（对应泊松回归）。至此，笔者认为确实应该使用负二项回归更有效率（陈强，2014）。检验结果因篇幅较大此处不做展示。

在确定了分析样本数据应该采用负二项回归方法后，需要进一步确定是采用随机效应还是固定效应。笔者使用 hausman 检验对各分层回归模型和全模型进行检验，具体的操作方法是：将各分层次回归模型分别在 Stata 12.1 中依次作固定效应和随机效应的检验，并分别保存结果，然后运行 hausman 这一命令。如表 5－3 的结果显示，hausman 检验强烈拒绝随机效应负二项回归（各个模型中，p 值均小于 0.001），支持固定效应负二项回归。

5.4.3　回归分析

在本章的研究中，笔者分别从组织边界和技术边界，采用多元分层次的方法对研究模型采用负二项回归分析，将解释变量和乘积项分批依次放入回归方程中，如表 5－3 所示。在模型 1 中，只放入控制变量和自变量。模型 2 在模型 1 的基础上加入三个调节变量。模型 3、模型 4、模型 5 分别在模型 1 的基础上依次放入各个调节变量及其与自变量的交互项。模型 6 则为加入了所有变量和交互项的全模型。所有分层回归模型的卡方统计量均显著（$p<0.001$），可以得知各个模型的所有系数的联合显著性较高。

表 5-3 知识搜索二元性的创新绩效效应研究回归结果

项目	模型 1		模型 2		模型 3		模型 4		模型 5		模型 6	
	组织边界-固定效应	技术边界-固定效应	组织边界-固定效应	技术边界-固定效应	组织边界-固定效应	技术边界-固定效应	组织边界-固定效应	技术边界-固定效应	组织边界-固定效应	技术边界-固定效应	组织边界-固定效应	技术边界-固定效应
常数项	0.44 *** (0.05)	0.18 ** (0.07)	0.44 *** (0.05)	0.19 ** (0.07)	0.42 *** (0.05)	0.16 * (0.07)	0.44 *** (0.05)	0.17 * (0.07)	0.36 *** (0.05)	0.19 ** (0.07)	0.40 *** (0.05)	0.14 + (0.08)
控制变量												
财务绩效	-0.01 (0.03)	0.00 (0.03)	-0.06 * (0.03)	-0.04 (0.03)	-0.07 * (0.03)	-0.04 * (0.03)	-0.01 (0.03)	-0.001 (0.03)	-0.01 (0.03)	0.03 (0.05)	-0.07 * (0.06)	-0.05 (0.03)
企业年龄	0.02 *** (0.002)	0.02 *** (0.002)	0.002 (0.002)	0.01 * (0.002)	-0.001 (0.003)	0.01 * (0.002)	0.02 *** (0.002)	0.02 *** (0.002)	0.02 *** (0.002)	0.02 *** (0.002)	-0.0004 (0.003)	0.01 * (0.002)
引文年龄	-0.04 *** (0.01)	-0.04 *** (0.01)	-0.04 *** (0.01)	-0.05 *** (0.01)	-0.04 *** (0.01)	-0.05 *** (0.01)	-0.04 *** (0.01)	-0.04 *** (0.01)	-0.04 *** (0.01)	-0.04 *** (0.01)	-0.04 *** (0.01)	-0.05 *** (0.01)
平均引文数量	0.002 + (0.001)	0.003 * (0.001)	0.003 + (0.001)	0.003 * (0.001)	0.003 * (0.001)	0.003 ** (0.001)	0.002 + (0.001)	0.003 * (0.001)	0.002 + (0.001)	0.003 * (0.001)	0.003 * (0.001)	0.003 * (0.001)
国别	0.32 ** (0.12)	0.36 ** (0.12)	0.05 (0.12)	0.10 (0.12)	0.03 (0.12)	0.12 (0.12)	0.32 ** (0.12)	0.36 ** (0.12)	0.32 ** (0.12)	0.36 ** (0.12)	0.03 (0.12)	0.11 (0.12)
行业分类	-0.14 + (0.08)	-0.11 (0.08)	-0.14 (0.09)	-0.09 (0.09)	-0.21 ** (0.08)	-0.16 * (0.08)	-0.14 (0.09)	-0.10 (0.09)	-0.15 + (0.08)	-0.11 (0.08)	-0.15 + (0.09)	-0.08 (0.09)
年份虚拟变量	已包含	已包含	已包含	已包含	已包含	已包含	已包含	已包含	已包含	已包含	已包含	已包含
解释变量												
战略选择	0.39 *** (0.04)	0.56 *** (0.06)	0.40 *** (0.04)	0.53 *** (0.06)	0.41 *** (0.04)	0.58 *** (0.06)	0.40 *** (0.04)	0.57 *** (0.06)	0.39 *** (0.04)	0.56 *** (0.36)	0.41 *** (0.04)	0.59 *** (0.06)

续表

项目	模型1		模型2		模型3		模型4		模型5		模型6	
	组织边界-固定效应	技术边界-固定效应	组织边界-固定效应	技术边界-固定效应	组织边界-固定效应	技术边界-固定效应	组织边界-固定效应	技术边界-固定效应	组织边界-固定效应	技术边界-固定效应	组织边界-固定效应	技术边界-固定效应
企业规模			0.20 *** (0.02)	0.19 *** (0.02)	0.14 *** (0.02)	0.11 ** (0.03)					0.13 *** (0.02)	0.11 ** (0.04)
环境动态性			0.02 (0.02)	0.02 (0.02)			0.01 (0.03)	0.05 (0.04)			0.01 (0.03)	0.08 + (0.04)
环境敌对性			-0.32 (0.26)	-0.54 * (0.26)					0.01 (0.3)	0.36 (0.54)	-0.05 (0.34)	0.57 (0.57)
交互项												
选择×规模					0.10 *** (0.02)	0.07 * (0.03)					0.11 *** (0.02)	0.09 ** (0.03)
选择×动态性							-0.01 (0.02)	-0.05 (0.03)			0.01 (0.02)	-0.06 (0.04)
选择×敌对性									0.16 (0.27)	-0.47 (0.50)	-0.34 (0.31)	-1.20 * (0.54)
对数似然值	-10 617.48	-10 623.04	-10 553.46	-10 567.34	-10 537.84	-10 567.77	-10 617.28	-10 621.77	-10 617.18	-10 622.01	-10 535.94	-10 561.66
卡方	280.13 ***	258.38 ***	420.21 ***	379.87 ***	478.60 ***	383.02 ***	280.35 ***	259.47 ***	281.08 ***	260.38 ***	484.73 ***	394.15 ***
hausman 检验	$\chi^2(10)$ = 146.85 Prob > χ^2 = 0.0000	$\chi^2(10)$ = 185.09 Prob > χ^2 = 0.0000	$\chi^2(13)$ = 264.41 Prob > χ^2 = 0.0000	$\chi^2(13)$ = 185.8 Prob > χ^2 = 0.0000	$\chi^2(12)$ = 804.34 Prob > χ^2 = 0.0000	$\chi^2(12)$ = 391.52 Prob > χ^2 = 0.0000	$\chi^2(12)$ = 153.5 Prob > χ^2 = 0.0000	$\chi^2(12)$ = 157.37 Prob > χ^2 = 0.0000	$\chi^2(12)$ = 127.57 Prob > χ^2 = 0.0000	$\chi^2(12)$ = 184.51 Prob > χ^2 = 0.0000	$\chi^2(16)$ = 874.64 Prob > χ^2 = 0.0000	$\chi^2(16)$ = 412.34 Prob > χ^2 = 0.0000

注：a. N = 3 953，以一元搜索策略为基准。
b. 表格中数字为回归系数，括号中为标准误差。
c. 显著性：+表示 p < 0.1，*表示 p < 0.05，** 表示 p < 0.01，*** 表示 p < 0.001。

5.4.4 假设检验结果

假设检验的结果汇总如表5-4所示。从表中的汇总信息可以看出，假设H1与H2均在组织边界和技术边界得到了验证。这说明，相比仅开展一元性知识搜索的企业，不论是在组织内外还是技术领域内外同时开展本地—远程二元性知识搜索，均会使企业获得更高的创新绩效；同时，企业的规模越大，越会给开展二元性知识搜索的企业带来更高的创新绩效。假设H3在组织边界和技术边界均未得到验证，这说明，开展二元性知识搜索是否会给企业带来更高的创新绩效不一定会受到环境动态性的影响。而环境敌对性的调节作用仅在技术边界上被验证，说明它在两种边界上对二元性知识搜索策略选择绩效影响的作用是不同的，在环境敌对性较强的情况下，同时在技术领域内外开展知识搜索的企业本应获得的创新绩效会被减少，而企业从同时在组织内外开展的二元性知识搜索中所获的创新绩效则不一定受到环境敌对性的负面影响。

表5-4　知识搜索二元性的创新绩效效应研究的假设检验结果汇总

假设	内容	组织边界	技术边界
假设1	开展二元性知识搜索策略的企业能够获得更高的创新绩效	支持	支持
假设2	高企业规模会让开展二元性搜索策略的企业获得更高的创新绩效	支持	支持
假设3	高环境动态性会让开展二元搜索策略的企业获得更高的创新绩效	不支持	不支持
假设4	高环境敌对性会削弱开展二元搜索策略的企业获得的创新绩效	不支持	支持

1. 主效应

各模型在组织边界和技术边界上均强烈支持假设H1（系数均为正向，且 $p<0.001$），说明相对于仅采用一元搜索策略的企业，不论是同时搜索组织内外知识还是技术领域内外知识，即采取二元性知识搜索策略的企业，都会获

得更高的创新绩效，拥有更高的专利影响力。

2. 调节效应

模型 3 与模型 6 均证实了企业规模在组织边界和技术边界上的调节作用，支持了假设 H2（系数均为正向，p 值在组织边界上均小于 0.001，在技术边界上分别小于 0.01 和 0.05），说明更高的企业规模确实会给企业带来更多资源和冗余用于技术创新过程中的知识搜索需求，从而使得开展二元知识搜索策略的企业获得更高的创新绩效。笔者作交互作用图如图 5－2 和图 5－3 所示。

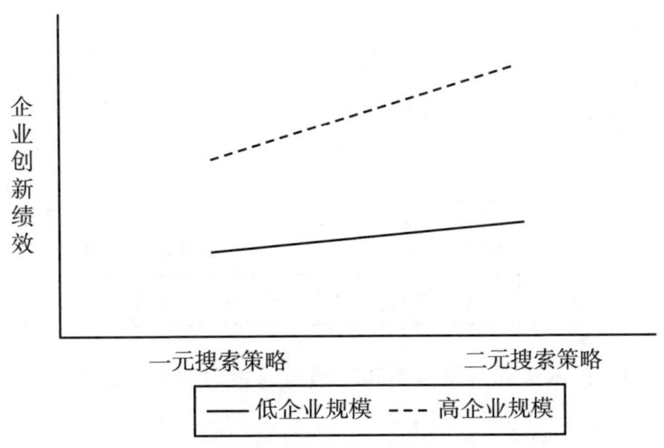

图 5－2　组织边界搜索策略和企业规模对创新绩效的交互作用

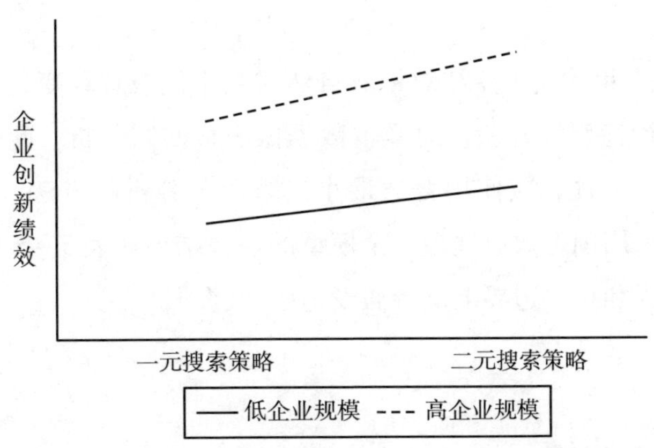

图 5－3　技术边界搜索策略和企业规模对创新绩效的交互作用

模型 6 在技术边界上证实了环境敌对性的调节作用，支持假设 H4（$p < 0.05$，系数为负向）。面对较高的环境敌对性时，同时在技术领域内外开展二元性知识搜索带来的高创新绩效在一定程度上会被削弱。而敌对性对同时在组织内外开展二元性知识搜索策略的企业获得的高绩效的作用未被证实。环境敌对性和企业知识搜索策略选择的交互作用如图 5－4 所示。

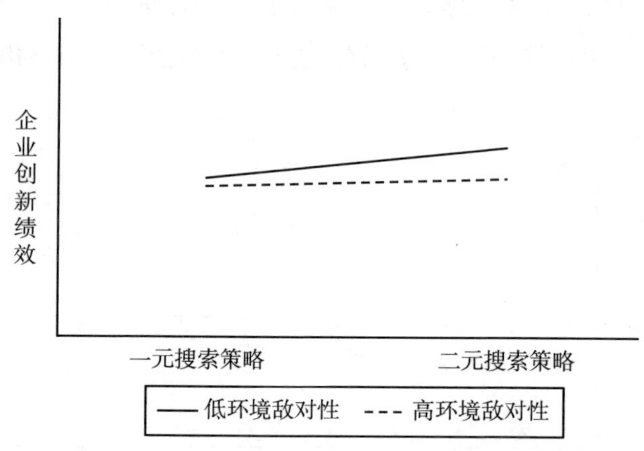

图 5－4　技术边界搜索策略和环境敌对性对创新绩效的交互作用

5.5　稳健性检验

笔者对 $t+1$ 年的授予专利数量取自然对数用作被解释变量，对本章的回归分析结果进行稳健性检验，对样本数据做面板回归分析。此时，被解释变量为连续变量，因此，应使用普通最小二乘回归分析的方法。通过 hausman 检验得知，应采用固定效应模型。全模型的检验结果如表 5－5 所示，检验结果均在组织边界和技术边界上支持假设 H1、假设 H2。

表 5 – 5　　知识搜索二元性的创新绩效效应研究的稳健性检验

项目	组织边界 – 固定效应	技术边界 – 固定效应
控制变量	已包含	已包含
常数项	−0.47*** (0.03)	−0.69*** (0.04)
战略选择	0.48*** (0.03)	0.60*** (0.04)
企业规模	0.11** (0.04)	0.12** (0.04)
环境动态性	0.66 (0.79)	0.40 (0.80)
环境敌对性	−0.24 (0.53)	−0.13 (0.62)
选择 × 规模	0.07*** (0.02)	0.05* (0.02)
选择 × 动态性	0.03 (0.02)	−0.01 (0.03)
选择 × 敌对性	−0.31 (0.24)	−0.51 (0.36)
R^2	组内 0.1583 组间 0.2201 总体 0.2299	组内 0.1412 组间 0.2204 总体 0.2276
固定效应 F 统计量	$F(13, 2\ 666) = 38.57$ $Prob > F = 0.0000$	$F(13, 2\ 666) = 33.72$ $Prob > F = 0.0000$
hausman 检验	$\chi^2(13) = 1\ 090.55$ $Prob > \chi^2 = 0.0000$	$\chi^2(13) = 726.52$ $Prob > \chi^2 = 0.0000$

注：a. N = 3 953，以一元搜索策略为基准。

b. 表格中数字为回归系数，括号中为标准误差。

c. 显著性：* 表示 $p < 0.05$，** 表示 $p < 0.01$，*** 表示 $p < 0.001$。

5.6　本章小结

5.6.1　结论

在本章的研究中，笔者采用在美国上市的制造业企业为研究样本，选取了1997～2000年间，来自21个细分行业的1 274家企业共3 953条观测值的数据形成面板数据，并使用Stata 12.1进行了相关性检验与回归分析。在变量构造中，笔者将自变量——企业本地—远程知识搜索策略，分组织边界和技术边界分别进行了赋值，并分别做了回归分析，检验了相较于一元性的知识搜索，二元性知识搜索是否能够带来更高的创新绩效（此处为企业专利的他引频次，即专利影响力），以及在这个过程中企业规模、外部环境的调节作用。最后，笔者又采用新的测度方法——专利获批数量取自然对数，对创新绩效进行了测量，并进行了稳健性检验。具体来说，本章的具体研究结论如下：

（1）主效应：相比于仅采用一元性知识搜索策略的企业，也即在本地搜索与远程搜索中二选一的企业，在组织边界或技术边界上采用二元性本地—远程知识搜索的企业会获得更高的创新绩效——拥有更大的专利影响力以及更多的有效专利产出。

（2）企业规模的调节作用：企业规模的调节作用在组织边界和技术边界上均得到了证实。在同时于企业内外部和技术领域内外开展知识搜索的企业中，规模较大的企业会获得更高的创新绩效，即拥有更大的专利影响力以及更多的有效专利产出。

（3）环境动态性的调节作用：环境动态性在知识搜索二元性和企业创新绩效的关系中的调节作用在组织边界和技术边界均未被证实，说明企业在组织内外和技术领域内外开展二元性本地—远程搜索的绩效结果不一定会受到环境动态性的影响。

（4）环境敌对性的调节作用：环境敌对性的调节作用仅在技术边界上被证实，在环境敌对性高的情况下，企业在技术领域内外开展二元性本地—远程知识搜索而获得的创新绩效会被削弱；但是企业在组织内外开展二元性知识搜索而获得的绩效不一定会被环境敌对性削弱。

5.6.2 讨论

本章研究的实证结果中有一些结论是值得讨论的：

第一，为什么环境动态性的调节作用在组织边界和技术边界上均未被证实？这一实证结果说明，企业同时在组织内外或技术领域内外开展本地—远程知识搜索，会比仅开展本地搜索或远程搜索这种一元性知识搜索的企业获得更高的创新影响力和有效专利产出，但是二元性知识搜索带来的创新绩效不一定会受到环境动态性的影响。造成这一结果的原因可能在于：企业需要对通过二元性知识搜索获得的知识进行识别，而随着环境动态性的提升，企业对外部获取的新知识的潜在效用的评估能力会被削弱（Cohen & Levinthal，1990；Zahra & George，2002；Todorova & Durisin，2007；Lane & Koka，2006）。但是，随着二元性知识搜索的开展，企业会得到大量的来自企业外部或陌生技术领域的知识，而这些知识会给企业带来更多的管理复杂性。由于有限理性的存在，管理者的认知都是有限的，当管理复杂性超出能力范围的时候，他们对知识的处理效率和效果都会大打折扣。因此，虽然如假设中所陈述的，环境动态性会给企业的创新绩效带来一定的提升，但是由于负面影响的存在，两者的效果互相抵消，造成了环境动态性的调节作用并不明确的结果。

第二，为什么环境敌对性在组织边界和技术边界上对企业二元性知识搜索和创新绩效的关系产生了不同的调节作用，仅在技术边界上产生负向调节作用，而在组织边界上作用不显著？可能的原因为：由于组织之间人为控制的界限较为明显而严格，为了确保自己的竞争优势，企业作为知识的所有者，在一定程度上会对自己的知识溢出加以控制和防范，因此，知识在组织之间的流动性远远低于在技术领域之间的流动性，跨组织边界进行知识搜索的难度高于跨技术边界。在环境较为敌对的环境中，那些能够在企业内外同时开展本地搜索与远程搜索，也即组织边界上的二元性知识搜索的企业，其本身就具备了一定的能力可以较为从容地应对环境中由于同质化竞争、垄断经营而带来的问题，能够较好地完成环境敌对性带来的冲突任务。因此，在组织边界上，环境敌对性的削弱作用就变得不明显了。

本章研究除了丰富并拓展了组织二元性的概念与实证研究、对组织边界和技术边界上的二元性本地—远程知识搜索进行比较分析外，还存在以下理论贡献：

本章的研究结论明确了组织二元性（在本书中具体指知识搜索二元性）对企业创新绩效的正向影响，为持这一观点的流派增加了更多的实证依据。虽然现有的研究中大部分的结论都还是认为组织二元性能够给企业绩效带来提升，但是依然有研究证实，一元性的战略会比二元性更加有效（Venkatraman et al.，2007），因此有学者建议需要更多的研究对组织二元性的绩效作用进行探究（Raisch & Birkinshaw，2008）。而本章研究的实证结果为持正向观点的流派提供了又一有力的支撑。

本章的研究结论对企业的管理实践也有一定的启示意义。首先，本地—远程知识搜索二元性能够给企业带来更高的创新绩效，包括创新影响力和专利产出。企业应该在能力所及的范围内，在企业内外或企业所在的技术领域内外同时开展本地搜索与远程搜索，在从企业外部或技术领域外部通过远程搜索获得有价值的知识的同时，也需要在企业内部或技术领域内部的知识基础中开展本地搜索，甄别并挑选出能够与外部知识进行结合进而产生创新成果的知识，并逐步提升自己在行业中的创新影响力，掌握行业与技术规则制定的话语权。其次，环境敌对性对企业本地—远程知识搜索二元性的绩效作用有削弱作用，企业应该尽量避免提供过于同质化的产品，实施“蓝海战略”，开展差异化竞争。

第6章

研究结论与未来展望

6.1　本书结论

本书以在美国上市的制造业企业为样本，选取了21个细分行业1997～2000年间的数据构造了供笔者进行分析的面板数据。其中，第3章和第4章为本地—远程知识搜索二元性的前因研究，包含了1 280家企业共3 965条企业—年份观测值，分别对企业能力（吸收能力）、冗余资源（组织冗余整体以及已吸收冗余、未吸收冗余、潜在冗余）和环境因素（环境动态性与环境敌对性）以及它们之间的交互，对企业知识搜索策略选择的影响展开实证研究；第5章为本地—远程知识搜索二元性的绩效研究，包含了1 274家企业共3 953条企业—年份观测值，对企业知识搜索二元性及其与企业资源（以企业规模为表征）、环境因素（环境动态性与环境敌对性）的交互对企业创新绩效的影响进行了实证研究。

本书的实证研究结论归纳如下：

第一，关于吸收能力及其与环境动态性和敌对性的交互在企业知识搜索策略选择中的作用，实证结果表明：①吸收能力更强的企业会倾向于在组织边界上开展二元性本地—远程知识搜索，但不一定会倾向于在技术边界上开展二元性知识搜索。②在环境动态性更强的情境中，吸收能力更强的企业会更倾向于在组织边界上开展二元性知识搜索，但其在技术边界上开展二元性知识搜索的倾向不一定会受到影响。③在环境敌对性加强的情境中，吸收能力更强的企业在组织边界上选择二元性知识搜索策略的倾向反而会被削弱，但是，是否在技术边界上开展二元性知识搜索的决策不一定会受到影响。

第二，关于组织冗余整体与不同类型的冗余，及其与环境动态性和敌对性的交互作用对企业知识搜索策略选择的影响机制，实证结果表明：①组织冗余较多，尤其是已吸收冗余较多的企业会倾向于在组织边界上开展二元性本地—远程知识搜索；较多的已吸收冗余还会促使企业在技术边界上开展二元性知识搜索，但是这一促进作用会被未吸收冗余和潜在冗余所掩盖，即组织冗余整体对企业知识搜索策略选择的影响并不显著。②环境动态性会削弱组织冗余对组织边界上企业二元性知识搜索策略选择倾向的影响，并且其中发挥作用的主要是潜在冗余；但无论是作为一个整体的组织冗余还是三种细分类型的组织冗余，对企业知识搜索策略选择倾向的作用都不一定会受到环境动态性的影响。③环境敌对性会削弱组织冗余整体对组织边界上企业二元性知识搜索策略选择的正向影响，但是三种冗余在其中的作用并不相同，已吸收冗余、潜在冗余的正向作用会被增强，而未吸收冗余的作用则会被削弱，且未吸收冗余发挥主要作用；在技术边界上，环境敌对性会增强已吸收冗余对二元性知识搜索策略选择的正向影响，但这一影响会被未吸收冗余、潜在冗余与环境敌对性的交互所掩盖。

第三，关于知识搜索策略选择对企业创新绩效的影响机制研究，本书的主要结论如下：①与仅开展一元性知识搜索活动的企业相比，在组织边界或技术边界上开展二元性本地—远程知识搜索活动的企业会获得更高的创新绩效，包括更大的创新影响力与更多的有效专利产出。②规模较大的企业在组织边界或技术边界上开展二元性知识搜索会获得更高的创新绩效，拥有更大的创新影响力，并获得更多的有效专利产出。③企业在组织边界和技术边界上开展二元性知识搜索而取得的创新绩效受环境动态性的影响不显著。④在环境敌对性高的情况下，企业在技术边界上开展二元性知识搜索而获得的创新绩效会被削弱，但是组织边界上的二元性知识搜索带来的创新绩效不一定会被环境敌对性削弱。

6.2　理论贡献

综合来看，本书为现有研究提供了以下若干理论贡献：

第一，本书中的研究内容与结果丰富并拓展了组织二元性的概念与实证依据。早先的组织二元性研究尚且有组织设计方面如机械型组织与有机型组织（Duncan，1976）、柔性与效率（Abernathy，1978）等方面的研究，但是，在玛驰（1991）提出了具有高度概括性的探索与利用这一对组织二元性之后，关于组织二元性的研究便集中于探索和利用，即使有关注企业知识搜索方面的二元性的研究，也大多关注探索式搜索与利用式搜索。因此，拉什和比尔金肖（2008）曾呼吁，组织二元性的概念需要拓展，进行更加多元化的研究。在本书中，笔者积极响应其号召，研究了企业知识搜索中本地搜索与远程搜索的二元性，及其前因与绩效，对组织二元性概念进行了拓展，并提供了更多的实证依据。

第二，本书中笔者对吸收能力、外部环境，以及两者交互对企业本地—远程知识搜索二元性的影响的分析，有助于解决资源观与交易成本理论这两种不同的理论视角在看待这一问题时产生的冲突。在第 3 章中，笔者归纳了这两种不同的理论视角在解释同一问题时所产生的相反的预测，具体来说，资源观认为，吸收能力强的企业会倾向于采取二元性知识搜索策略，同时这一关系会被环境动态性强化并被环境敌对性弱化；而交易成本理论则认为，吸收能力会抑制企业的二元性知识搜索倾向，而且环境动态性和环境敌对性分别会削弱和加强这一关系。接着，笔者提出了三组竞争性假设，并通过实证分析，确认了资源观在解释制造业企业的吸收能力、外部环境、知识搜索二元性之间的关系时，比交易成本理论更具有解释力。

第三，在本书的研究过程中，笔者打开了组织冗余的黑箱，验证了不同的组织冗余在环境因素的作用下，对企业的知识搜索有着不同的影响。早有学者呼吁，组织冗余是有区别的，可以根据被组织吸收的程度划分为已吸收冗余、未吸收冗余、潜在冗余，而且这三种冗余来源不同、作用不同，没有理由将其看作是同质的（Bourgeois，1981；Singh，1986）。然而，现有研究多将组织冗余看作是一个整体进行理论假设与检验（Chen & Miller，2007；Dasi，Iborra & Safon，2015），尽管有部分研究有意区分，但大多数的实证研究的结果并没有发现它们在作用方面的不同（Tan & Peng，2003；Tan，2003；Nohria & Gulati，1996）。本书的第 4 章不仅检验了作为一个整体的组织冗余在环境因素的作用下对企业二元性知识搜索起到的作用，更打开了组织冗余的黑箱，区分了三种类型的冗余，并分别进行理论假设和回归分析，不仅找出了在不同的外部环境因素作用下，究竟是哪一种组织冗余产生影响，更是验证了这三种组织冗余确实会对企业的知识搜索策略选择发挥不同的作用。以往研究中仅有少数认为或验证了不同组织冗余会对企业产生不同的作用（Singh，1986；Hambrick & D'Aveni，1988；Greve，2003），而本书的实证结果为持类似观点的研究提供了更多的实证依据。

第四，在现有的关于组织二元性的绩效研究中，学者们对组织二元性是否能够提升组织的绩效给出了不同的结论与实证依据。虽然现有研究中大部分都认为，组织二元性能够给企业带来财务绩效或创新绩效方面的提升（Katila & Ahuja，2002；He & Wong，2004；Cao et al.，2009），但是依然有研究持相反观点，认为与二元性策略相比，有时一元性的战略会更加有效（Venkatraman et al.，2007）。因此，有学者建议，需要更多的实证和理论研究对组织二元性的绩效作用进行深入的探索（Raisch & Birkinshaw，2008）。本书的第 5 章聚焦于企业的知识搜索，以企业本地搜索与远程搜索的二元性为研究对象，检验了组织知识搜索二元性对创新绩效的影响，并证实了组织二元性对绩效的促进作用，为持类似观点的研究提供了更多有力的实证支撑。

第五，本书实现了多个边界上本地—远程知识搜索二元性的比较分析。以往的研究大多采用一种边界上的本地搜索与远程搜索进行研究，如组织边界、地理边界、技术边界、文化边界（Jaffe，Trajtenberg，Henderson，1993；

Afuah & Tucci, 2012; Ahuja & Katila, 2001; Kriauciunas & Kale, 2006)，也有研究采用二维分类法取两种边界对企业的知识搜索行为进行四类划分，如组织边界和技术边界的二维划分（Rosenkopf & Nerkar, 2001; Kim & Park, 2013)，而缺乏对多种不同边界的比较研究。与以往研究不同，本书中的研究采用组织边界和技术边界这两个不同标准对企业的知识搜索行为进行了本地搜索与远程搜索的划分，并进一步进行了一元性与二元性知识搜索策略的划分，并进行了比较分析。而本书的实证结果表明，同样的前因、调节因素对不同边界上的企业知识搜索策略选择和二元性知识搜索的绩效作用存在不同的作用，说明对知识搜索行为进行组织边界和技术边界上的划分与对比分析确实是存在着重要的意义的，有利于了解企业为何会采取某种特定的搜索策略，并能帮助企业预测其搜索策略能够带来何种水平的创新绩效。

6.3　现实意义

首先，本书的实证结果表明，开展二元性本地—远程知识搜索的企业能够获得更高的创新绩效，包括创新影响力与有效专利产出。因此，企业应该在力所能及的范围内，开展二元性的本地搜索与远程搜索，广泛地在企业内外、技术领域内外开展知识搜索，并与其他企业、高校、研究机构建立研发与战略联盟。在通过远程搜索从企业外部或技术领域外部获取到知识的同时，也需要在企业内部或技术领域内部开展本地搜索，挑选出能够与远程知识匹配的本地知识，实现两种来源的知识的结合，提高专利产出，并提升企业在行业内外的创新影响力，从而逐步掌握行业和技术规则制定方面的话语权。

其次，本书在证实了二元性知识搜索的绩效作用的同时，也证实了吸收能力强的企业会更倾向于采取二元性的本地—远程知识搜索策略，特别是在环境动态性更强的情况下。因此，企业需要加强吸收能力的构建与积累，比如重视企业对基础科学与工程技术的学习，重视研发活动，逐步提高研发投入，等等。

再次，本书还证实了组织冗余，尤其是已吸收冗余更多的企业，更倾向于采用二元性知识搜索策略。这就说明，企业应该积极看待并重视其冗余资源，尤其是在知识搜索相关的部门和流程中投入略高于实际需求的人力、物力、资金，以储备适量的组织冗余，开展适当的冗余搜索，为企业储备更多的备用知识与技术。但是，本书的实证结果还表明，环境动态性对这一关系会有削弱作用。因此，企业应当建立相应的市场研究和技术研发部门，尽量把握市场和技术的变化趋势，并提高预测的能力，减轻市场和技术环境动态性对企业的负面影响；重视培养消费者的消费习惯和需求，把握行业和技术领域中规则制定的话语权，从应对来自市场和技术领域的动荡性与不确定性，转变为引领市场和技术的发展走势。

最后，本书第 3 章至第 5 章的研究结论证实，环境敌对性会削弱企业吸收能力、组织冗余对二元性知识搜索的选择倾向，也会削弱二元性知识搜索对创新绩效的促进作用。这就要求企业要实行“蓝海战略”（Kim & Mauborgne, 2005），开展差异化竞争，尽量避免提供过于同质化的产品或服务，提高产品和技术的附加价值。此外，企业还需要通过建立战略联盟、掌握行业和技术领域中规则制定的话语权等方式，提高自身的议价能力，在资源争夺的过程中占据更多的优势。

6.4 研究局限与未来研究方向

本书还存在着一些局限、不足，以及在未来的研究中可以进行更为深入探讨的内容。

第一，由于原始数据内容的局限性，笔者仅从组织边界和技术边界对企业搜索的知识来源进行本地与远程的划分，并进而开展分析与比较。未来的研究不妨搜集更完整的数据或采用问卷等其他研究方法，以地理相近性、文化制度相似性等为角度，引入地理边界、制度边界等区分标准，进行更多边界上的比较研究，有助于明确更多边界上企业知识搜索策略选择的前因与绩效作用，并区分不同边界上的特殊性，帮助企业更好地对知识搜索行为进行策略选择和资源配置。

第二，依然由于原始数据的内容，笔者采用较为常用的市场集中度来测量环境敌对性。而有研究认为，除了市场集中度外，还可以加入行业中平均市场份额的变化，对环境敌对性进行更加全面完整的刻画（Sharfman & Dean，1991）。因此，未来的研究如果条件允许，可以采用新的测度方法来测量环境敌对性，并对这一研究假设进行进一步验证。

第三，笔者采用专利数据进行分析，虽然专利数据作为知识流动的代理变量具有其不可比拟的优势，但不一定适用于所有的知识搜索情境，这也是由专利数据本身的一些局限性而造成的（Wang & Li，2008）。专利数据并不能覆盖所有的企业知识流动，专利记录的仅是被专利化的知识。但是某些行业中的企业知识是难以被专利化的，或者并不以专利为重要的知识资产评价指标的，比如服务行业。专利授予因为其新颖性、原创性的要求，导致有些知识本身就难以被专利化，比如模仿式的学习、反求工程（reverse engineering）等（Criscuolo & Verspagen，2008）。此外，企业有时为了保护技术核心，不愿因为专利申请而将某些知识公开，这种情况也无法被专利记录捕捉到。因此，本书中的结论是否可以在被专利记录忽略的行业或企业中成立，需要进一步的研究。未来的研究不妨探索一些更为全面综合的指标，比如通过问卷的方式对企业的知识搜索行为进行测度，以期覆盖更广的行业与知识类型，并对本书中研究结论的普适性进行检验。

第四，美国的专利申请制度中存在着一个特殊的角色——专利审查员（patent examiner）。他们身为各技术领域中的专家，并作为政府代表，对组织和个人的专利申请进行审核，并且会参与专利内容的撰写与引文的添加（Alcacer & Gittelman，2006）。那么，企业的专利引文是否会因为审查员带来的干扰而给研究结果带来偏差呢？笔者认为，这并不是本书的研究内容需要重点关注的问题。专利申请者在申请专利的时候，会在一定程度上隐瞒实际引文的信息。一方面是出于专利原创性的考虑，过多的引文被认为会降低专利的原创性和新颖性，从而增加专利获批的难度（Criscuolo & Verspagen，2008）；

另一方面是公司间的人员流动不可避免，工程师到了新的公司并有了可申请的专利时，为了避免被原公司因泄密而起诉，通常会隐瞒对原公司专利的引用（Alcacer & Gittelman，2006）。因此，在实际中被申请者搜索到并采纳的知识有可能因为各种原因而无法体现在专利引文中。而专利审查员的存在则可以在一定程度上弥补这种缺陷，对专利引文进行补充和完善，使最终的专利信息能够较为全面完整地体现出申请者的知识搜索行为。虽然专利审查员的作用在本书开展的研究中并未带来明显的干扰，但是在其他以专利为基础的研究中并不能得到百分之百的保证。因此，未来的研究在涉及专利引文数据的分析时，需要根据具体的研究问题来鉴别是否需要考虑专利审查员带来的干扰。

第五，虽然不是本书的研究重点，但是在回归分析的过程中，笔者发现，国家属性对企业的知识搜索策略选择以及创新绩效有着显著的影响。在策略选择上，国家属性对组织边界上的知识搜索策略选择有着显著的影响，具体来说，相比其他国家和地区的企业，来自美国的企业更倾向于同时在企业内部和外部开展二元性知识搜索，但是不一定会倾向于在技术领域内外实行二元性知识搜索策略。在创新绩效上，来自美国的企业表现出了更高的创新影响力，其专利拥有更高的他引频次。未来的研究不妨从国家文化、技术体制、国家创新系统等方面对此现象进行更为深入的比较和探讨。

参考文献

［1］陈君达，邬爱其．国外创新搜寻研究综述［J］．外国经济与管理，2011，33（2）：58－64.

［2］陈力田，许庆瑞，吴志岩．战略构想，创新搜寻与技术创新能力演化——基于系统动力学的理论建模与仿真研究［J］．系统工程理论实践，2014，34（7）：1705－1719.

［3］陈强．高级计量经济学及STATA应用（第二版）［M］．北京：高等教育出版社，2014.

［4］陈晓玲．中国制造业追赶情境特殊性对产业追赶绩效的影响机制研究［D］．杭州：浙江大学，2013.

［5］洪茹燕．关系嵌入与吸收能力的协同对企业知识搜寻的影响——全球制造网络效应下对中国轿车企业自主创新分析［J］．重庆大学学报（社会科学版），2012，18（1）：71－76.

［6］李剑力．探索性创新、开发性创新与企业绩效关系研究［M］．北京：经济管理出版社，2010.

［7］李强．外部知识搜索宽度的前因及其创新绩效影响机制研究：基于正式—非正式搜索的视角［D］．杭州：浙江大学，2013.

［8］李生校．企业外部创新搜寻战略——内容—行为组合视角的实证研究［J］．现代经济探讨，2011（12）：57－61.

［9］李正卫．突破性创新的信息搜寻研究：基于信息源特征和组织重构视角［J］．科学管理研究，2010，28（2）：11－14.

［10］刘力钢，孟伟．组织冗余，跨界搜寻与突破式创新关系研究［J］．商业经济研究，2015（22）：92－93.

[11] 刘洋，魏江，应瑛．组织二元性：管理研究的一种新范式 [J]．浙江大学学报（人文社会科学版），2011，41（6）：132－142.

[12] 马场燃．东芝要涉足农业？http：//finance. people. com. cn/n/2013/1031/c34888 3－23383644. html. 2013. 10. 31/ 2016. 03. 20.

[13] 马建峰．基于知识管理的企业信息搜寻模式研究 [J]．中国管理信息化，2011（23）：53－56.

[14] 缪根红，陈万明，唐朝永．外部创新搜寻，知识整合与创新绩效关系研究 [J]．科技进步与对策，2014，31（1）：130－135.

[15] 潘旭明．跨组织学习与知识转移机制研究 [J]．经济评论，2007，(6)：88－92.

[16] 裴旭东，李随成，黄聿舟．模糊前端参与对突破性创新的影响研究 [J]．科学学研究，2015，(3)：460－470.

[17] 任颋，茹璟，尹潇霖．所有制性质、制度环境与企业跨区域市场进入战略选择 [J]．南开管理评论，2015，18（2）：51－63.

[18] 王雷，姚洪心．全球价值链嵌入对集群企业创新类型的影响——知识搜寻的中介效应 [J]．科学学与科学技术管理，2014，35（1）：66－74.

[19] 王圆圆．企业创新：从封闭到开放 [J]．财经界（管理学家），2008，2：48－52.

[20] 邬爱其，李生校．外部创新搜寻战略与新创集群企业产品创新 [J]．科研管理，2012，33（7）：1－7.

[21] 吴晓波，彭新敏，丁树全．我国企业外部知识搜索策略的影响因素 [J]．科学学研究，2008，26（2）：364－372.

[22] 夏石泉．外部知识源对于创新的影响研究——以建筑业企业为例 [J]．现代商业，2012（3）：111－113.

[23] 杨雪，顾新，王元地．企业外部技术搜寻平衡研究——基于探索—开发的视角 [J]．科学学研究，2015（6）：907－914.

[24] Abernathy, W. J. The Productivity Dilemma：Roadblock to Innovation in the Automobile Industry. Baltimore MD：Johns Hopkins University Press，1978.

[25] Adler, P. S. & Borys, B. Two types of bureaucracy: Enabling and coercive. Administrative Science Quarterly, 1996, 41: 61 - 89.

[26] Adler, P. S. , Goldoftas, B. & Levine, D. I. Flexibility versus efficiency? A case study of model changeovers in the Toyota production system. Organization Science, 1999, 10 (1): 43 - 68.

[27] Afuah, A. & Tucci, C. L. Crowdsourcing as a solution to distant search. Academy of Management Review, 2012, 37 (3): 355 - 375.

[28] Ahuja, G. Collaboration networks, structural holes, and innovation: A longitudinal study. Administrative Science Quarterly, 2000, 45: 425 - 455.

[29] Ahuja, G. & Katila, R. Technological acquisitions and the innovation performance of acquiring firms: a longitudinal study. Strategic Management Journal, 2001, 22 (33): 197 - 220.

[30] Ahuja, G. & Katila, R. Where do resources come from? The role of idiosyncratic situations. Strategic Management Journal, 2004, 25: 887 - 907.

[31] Akgün, A. E. , Byme, J. C. Lynn, G. S. & Keskin, H. New product development in turbulent environments: Impact of improvisation and unlearning on new product performance. Journal of Engineering and Technology Management, 2007, 24 (3): 203 - 230.

[32] Alcacer, J. & Michelle G. Patent citations as a measure of knowledge flows: The influence of examiner citations. The Review of Economics and Statistics, 2006, 88 (4): 774 - 779.

[33] Aldrich, H. E. Organizations and environments. Englewood Cliffs, NJ: Prentice - Hall, 1979.

[34] Allen, T. J. Managing the Flow of Technology. Cambridge: MIT Press, 1977.

[35] Almeida, P. , Dokko, G. & Rosenkopf, L. Startup size and the mechanisms of external learning: Increasing opportunity and decreasing ability? . Research Policy, 2003, 32: 301 - 315.

[36] Almeida, P. & Kogut, B. The exploration of technological diversity and the geographic localization of innovation. Small Business Economics, 1997, 9: 21 - 31.

[37] Amihud, Y., & Lev, B. Risk reduction as a managerial motive for conglomerate mergers. Bell Journal of Economics, 1981, 12: 605 - 617.

[38] Ancona, D. G., Goodman, P. S., Lawrence, B. S. & Tushman, M. L. Time: A new research lens. Academy of management Review, 2001, 26 (4): 645 - 663.

[39] Andriopoulos, C. & Lewis, M. W. Exploitation-exploration tensions and organizational ambidexterity: Managing paradoxes of innovation. Organization Science, 2009, 20 (4): 696 - 717.

[40] Antle, R. & Fellingham, J. Resource rationing and organizational slack in a two-period model. Journal of Accounting Research, 1990, 28: 1 - 24.

[41] Aragon-Correa, J. A. & Sharma, S. A contingent resource-based view of proactive corporate environmental strategy. The Academy of Management Journal, 2003: 71 - 88.

[42] Argyres, N. S. & Silverman, B. S. R&D, organization structure, and the development of corporate technological knowledge. Strategic Management Journal, 2004, 25: 929 - 958.

[43] Argyris, C. & Schön, D. A. Organizational learning: A theory of action perspective (Vol. 173). Reading, MA: Addison-Wesley, 1978.

[44] Auh, S. & Menguc, B. Balancing exploration and exploitation: The moderating role of competitive intensity. Journal of Business Research, 2005, 58 (12): 1652 - 1661.

[45] Barney, J. Firm resources and sustained competitive advantage. Journal of management, 1991, 17 (1): 99 - 120.

[46] Bartlett, C. A. & Ghoshal, S. Managing across borders: The transnational solution. Cambridge, MA: Harvard Business School Press, 1989.

[47] Baucus M. , & Near J. Can illegal corporate behavior be predicted? An event history analysis. Academy of Management Journal, 1991, 34: 9 –36.

[48] Baum, J. R. , Locke, E. A. & Smith, K. G. A multidimensional model of venture growth. Academy of Management Journal, 2001, 44 (2): 292 –303.

[49] Bayona, C. , García-Marco, T. & Huerta, E. Firms' motivations for co-operative R&D: An empirical analysis of Spanish firms. Research Policy, 2001, 30 (8): 1289 –1307.

[50] Beckman, C. M. The influence of founding team company affiliations on firm behavior. Academy of Management Journal, 2006, 49 (4): 741 –758.

[51] Benner, M. J. & Tushman, M. L. Exploitation, exploration, and process management: The productivity dilemma revisited. Academy of Management Review, 2003, 28: 238 –256.

[52] Benner, M. J. & Tushman, M. Process management and technological innovation: A longitudinal study of the photography and paint industries. Administrative Science Quarterly, 2002, 47 (4): 676 –707.

[53] Bergh, D. D. Size and relatedness of units sold: An agency theory and resource-based perspective. Strategic Management Journal, 1995, 16 (3): 221 – 239.

[54] Boerner, C. S. & Macher, J. T. Transaction cost economics: An assessment of empirical research in the social sciences, 2002. Available at: http: //faculty msb. edu/jtm4/Papers/JLEO. Pdf.

[55] Bolton, M. K. Organizational innovation and substandard performance: when is necessity the mother of innovation? Organization Science, 1993, 4 (1): 57 – 75.

[56] Boumgarden P. , Nickerson J. & Zenger T. R. Sailing into the wind: Exploring the relationships among ambidexterity, vacillation, and organizational performance. Strategic Management Journal. 2012, 33 (6): 587 –610.

[57] Bourgeois, L. J. On the measurement of organizational slack. Academy of

Management Review, 1981, 6 (1): 29 -39.

[58] Bourgeois, L. J. & Singh, J. V. Organizational Slack and Political Behavior Among Top Management Teams. Academy of Management Proceedings, 1983, 1: 43 -47.

[59] Bromiley P. Testing a causal model of corporate risk taking and performance. Academy of Management Journal, 1991, 34: 37 -59.

[60] Brouwer, E. & Kleinknecht, A. Innovative output, and a firm's propensity to patent: An exploration of CIS micro data. Research Policy, 1999, 28 (6): 615 -624.

[61] Brown, S. L. & Eisenhardt, K. M. Competing on the edge: Strategy as structured chaos. Cambridge, MA: Harvard Business School Press, 1998.

[62] Brown S. L, & Eisenhardt K. M. The Art of Continuous Change: Linking Complexity Theory and Time-Paced Evolution in Relentlessly Shifting Organizations. Administrative Science Quarterly. 1997, 42 (1): 1 -34.

[63] Burns, T. & Stalker G. M. The Management of Innovation. London: Tavistock, 1961.

[64] Bushe, G. R. & Shani, A. B. Parallel learning structures: Increasing innovation in bureaucracies. Reading, MA: Addison-Wesley, 1991.

[65] Cao, Q. , Gedajlovic, E. & Zhang, H. Unpacking organizational ambidexterity: Dimensions, contingencies and synergistic effects. Organization Science, 2009, 20 (4): 781 -796.

[66] Cao, Q. , Simsek, Z. & Zhang, H. Modelling the joint impact of the CEO and the TMT on organizational ambidexterity. Journal of Management Studies, 2010, 47 (7): 1272 -1296.

[67] Caves, R. E. , Porter, M. E. & Spence, A. M. Competition in the open economy: A model applied to Canada. Cambridge, MA: Harvard University Press, 1980.

[68] Chang, Y. Y. & Hughes, M. Drivers of innovation ambidexterity in

small-to medium-sized firms. European Management Journal, 2012, 30: 1 – 17.

[69] Chattopadhyay, P., Glick, W. H. & Huber, G. P. Organizational actions in response to threats and opportunities. Academy of Management Journal, 2001, 44 (5): 937 – 955.

[70] Cheng, J. L. C. & Kesner, I. F. Organizational slack and response to environmental shifts: The impact of resource allocation patterns. Journal of Management, 1997, 23 (1): 1 – 18.

[71] Chen, M. J. & Hambrick, D. C. Speed, stealth, and selective attack: How small firms differ from large firms in competitive behavior. Academy of Management Journal, 1995, 38 (2): 453 – 482.

[72] Chen, W. R. & Miller, K. D. Situational and institutional determinants of firms' R&D search intensity. Strategic Management Journal, 2007, 28: 369 – 381.

[73] Chesbrough, H. The era of open innovation. Sloan Management Review, 2003, 44 (3): 35 – 41.

[74] Child, J. Organizational structure, environmenta, and performance: The role of strategic choice. Sociology, 1972, 6 (1): 2 – 22.

[75] Cho, D. H. & Yu, P. I. Influential factors in the choice of technology acquisition mode: An empirical analysis of small and medium size firms in the Korean telecommunication industry. Technovation, 2000, 20 (12): 691 – 704.

[76] Christensen, C. M. The innovator's dilemma. Cambridge, MA: Harvard Business School Press, 1998.

[77] Cohen, M. D., March, J. G. & Olsen, J. P. A garbage can model of organizational choice. Administrative Science Quarterly, 1972, 17 (1): 1 – 25.

[78] Cohen, W. M. & Levinthal, D. A. Absorptive capacity: A new perspective on learning and innovation. Administrative Science Quarterly, 1990, 35 (1): 128 – 152.

[79] Cohen, W. M. & Levinthal, D. A. Innovation and learning: The two

faces of R&D. The Economic Journal, 1989, 99 (397): 569 – 596.

[80] Combs, J. & Ketchen, Jr D. Explaining inter-firm cooperation and performance: Toward a reconciliation of predictions from the resource-based view and organizational economics. Strategic Management Journal, 1999, 20: 867 – 888.

[81] Criscuolo, P. & Verspagen, B. Does it matter where patent citations come from? Inventor vs. examiner citations in European patents. Research Policy, 2008, 37 (10): 1892 – 1908.

[82] Cruz-Gonzalez, J., Lopez-Saez, P., Navas-Lopez, J. E. & Delgado-Verde, M. Open search strategies and firm performance: The different moderating role of technological environmental dynamism. Technovation, 2015, 35: 32 – 45.

[83] Cyert, R. M. & March, J. G. A behavioral theory of the firm. Englewood Cliffs, N. J.: Prentice-Hall, 1963.

[84] Daft, R. L., Sormunen, J. & Parks, D. Chief executive scanning, environmental characteristics, and company performance: An empirical study. Strategic Management Journal, 1988, 9: 123 – 139.

[85] Damanpour, F. Organizational innovation: A meta-analysis of effects of determinants and moderators. Academy of Management Journal, 1991, 34 (3): 555 – 590.

[86] Damanpour, F. The adoption of technological, administrative, and ancillary innovations: Impact of organizational factors. Journal of management, 1987, 13 (4): 675 – 688.

[87] Danneels E. Organizational antecedents of second-order competences. Strategic Management Journal. 2008, 29 (5): 519 – 543.

[88] Danneels, E. The dynamics of product innovation and firm competences. Strategic Management Journal, 2002, 23 (12): 1095 – 1121.

[89] Dasi, A., Iborra, M. & Safon, V. Beyond path dependence: Explorative orientation, slack resources, and managerial intentionality to internationalize in SMEs. International Business Review, 2015, 24: 77 – 88.

[90] Davis, G. & Stout, S. Organization theory and the market for corporate control: A dynamic analysis of large takeover targets, 1980 – 1990. Administrative Science Quarterly, 1992, 37: 605 – 633.

[91] Denison, D. R., Hooijberg, R. & Quinn, R. E. Paradox and performance: Toward a theory of behavioral complexity in managerial leadership. Organization Science, 1995, 6 (5): 524 – 540.

[92] Dess, G. G. & Bread, D. W. Dimensions of organizational task environments. Administrative Science Quarterly, 1984, 29 (1): 52 – 73.

[93] Dimick, D. E. & Murray, V. V. Correlates of substantive policy decisions in organizations: The case of human resource management. Academy of Management Journal, 1978, 21 (4): 611 – 623.

[94] Dosi, G. Sources, procedures, and microeconomic effects of innovation. Journal of economic literature, 1988: 1120 – 1171.

[95] Downey, H. K., Hellriegel, D. & Slocum, J. Environmental uncertainty: The construct and its application. Administrative Science Quarterly, 1975, 20: 613 – 629.

[96] Downey, H. K. & Slocum, J. W. Uncertainty: Measures, research, and sources of variation. Academy of Management Journal, 1975, 18 (3): 562 – 578.

[97] Drechsler, W. & Natter, M. Understanding a firm's openness decisions in innovation. Journal of Business Research, 2012, 65 (3): 438 – 445.

[98] Duncan, R. B. Characteristics of organizational environments and perceived uncertainty. Administrative Science Quarterly, 1972, 17: 313 – 327.

[99] Duncan, R. B. The ambidextrous organization: Designing dual structures for innovation. The management of organization, 1976, 1: 167 – 188.

[100] Dutta, S. & Weiss, A. M. The relationship between a firm's level of technological innovativeness and its pattern of partnership agreements. Management Science, 1997, 43 (3): 343 – 356.

[101] Dutton, J. E. & Jackson, S. E. Categorizing strategic issues: Links to

organizational action. Academy of Management Review, 1987, 12 (1): 76-90.

[102] Dyer, J. H. & Nobeoka, K. Creating and managing a high-performance knowledge-sharing network: The Toyota case. Strategic Management Journal, 2000, 21 (3): 345-367.

[103] Ebben, J. J. & Johnson, A. C. Efficiency, flexibility, or both? Evidence linking strategy to performance in small firms. Strategic Management Journal, 2005, 26 (13): 1249-1259.

[104] Eisenhardt, K. M. & Martin, J. A. Dynamic capabilities: What are they?. Strategic Management Journal, 2000, 21 (10-11): 1105-1121.

[105] Enkel, E., Gassmann, O. & Chesbrough, H. Open R&D and open innovation: Exploring the phenomenon. R&d Management, 2009, 39 (4): 311-316.

[106] Eriksson P. E. Exploration and exploitation in project-based organizations: Development and diffusion of knowledge at different organizational levels in construction companies. International Journal of Project Management. 2013, 31 (3): 333-341.

[107] Fabrizio, K. R. Absorptive capacity and the search for innovation. Research Policy, 2009, 38: 255-267.

[108] Fagerberg, J., Fosaas, M. & Sapprasert, K. Innovation: Exploring the knowledge base. Research Policy, 2012, 41 (7): 1132-1153.

[109] Fang, C., Lee, J. & Schilling, M. A. Balancing exploration and exploitation through structural design: The isolation of subgroups and organizational learning. Organization Science, 2010, 21 (3): 625-642.

[110] Finkelstein, S. Why is industry related to CEO compensation? A managerial discretion explanation. The Open Ethics Journal, 2009, 3: 42-56.

[111] Fleming, L. Recombinant uncertainty in technological search. Management Science, 2001, 47 (1): 117-132.

[112] Fleming, L. & Sorenson, O. Science as a map in technological search.

Strategic Management Journal, 2004, 25: 909 – 928.

[113] Fleming, L. & Sorenson, O. Technology as a complex adaptive system: Evidence from patent data. Research Policy, 2001, 30 (7): 1019 – 1039.

[114] Floyd, S. & Lane, P. Strategizing throughout the organization: Managing role conflict in strategic renewal. Academy of Management Review, 2000, 25: 154 – 177.

[115] Galbraith, J. R. Designing complex organizations. Reading, Mass.: Addison-Wesley, 1973.

[116] Galbraith, J. R. Organization Design, Addison New York University, Wesley, Reading, MA, 1977.

[117] Gambardella, A. Competitive advantages from in-house scientific research: The US pharmaceutical industry in the 1980s. Research Policy, 1992, 21: 391 – 407.

[118] Gebreeyesus, M. & Mohnen, P. Innovation performance and embeddedness in networks: Evidence from the Ethiopian footwear cluster. World Development, 2013, 41: 302 – 316.

[119] George, G., Kotha, R. & Zheng, Y. Entry into insular domains: A longitudinal study of knowledge structuration and innovation in biotechnology firms. Journal of Management Studies, 2008, 45 (8): 1448 – 1474.

[120] Ghoshal, S. & Bartlett, C. Linking organizational context and managerial action: The dimensions of quality in management. Strategic Management Journal, 1994, 15: 91 – 112.

[121] Giarratana, M. S. & Mariani, M. The relationship between knowledge sourcing and fear of imitation. Strategic Management Journal, 2014, 35 (8): 1144 – 1163.

[122] Gibson, C. B. & Birkinshaw, J. The antecedents, consequences, and mediating role of organizational ambidexterity. Academy of Management Journal, 2004, 47 (2): 209 – 226.

[123] Giuliani, E. & Bell, M. The micro-determinants of meso-level learning and innovation: Evidence from a Chilean wine cluster. Research Policy, 2005, 34 (1): 47 – 68.

[124] Grant, R. M. Toward a knowledge-based theory of the firm. Strategic Management Journal, 1996, 17: 109 – 122.

[125] Greve, H. R. A behavioral theory of R&D expenditures and innovations: Evidence from shipbuilding. Academy of Management Journal, 2003, 46 (6): 685 – 702.

[126] Greve, H. R. & Taylor, A. Innovations as catalysts for organizational change: Shifts in organizational cognition and search. Administrative Science Quarterly, 2000, 45 (1): 54 – 80.

[127] Grimpe, C. & Sofka, W. Search patterns and absorptive capacity: low- and high-technology sectors in European countries. Research Policy, 2009, 38: 495 – 506.

[128] Guo, B. & Wang, Y. Environmental turbulence, absorptive capacity and external knowledge search among Chinese SMEs. Chinese Management Studies, 2014, 8 (2): 258 – 272.

[129] Guo, B., Wang, Y., Xie, X. Y. & Shou, Y. Search more deeply or search more broadly? An empirical study of external knowledge search strategy in manufacturing SMEs. Asian Journal of Technology Innovation, 2015, 23 (1): 87 – 106.

[130] Gupta, A. K., Smith, K. G. & Shalley, C. E. The interplay between exploration and exploitation. Academy of Management Journal, 2006, 49 (4): 693 – 706.

[131] Hall, B. H., Jaffe, A. B. & Trajtenberg, M. The NBER patent citations data file: Lessons, insights and methodological tools. NBER Working Paper No. 8498: 2001.

[132] Hambrick, D. & D'Aveni, R. Large corporate failures as downside spi-

rals. Administrative Science Quarterly, 1988, 33: 1 -23.

[133] Hambrick, D. & Snow, G. A contextual model of strategic decision making in organizations. In R. L. Taylor, J. J. O'Gonnell, R. A. Zawacki, & D. D. Warrick (Eds.), Academy of Management Proceedings, 1977: 109 -112.

[134] Hannah, D. P. & Piezunka, H. Competition in the Search for Innovation: Getting Ahead by Falling Behind. Academy of Management Proceedings, 2014, 1, 13211.

[135] Hannan, M. T. & Freeman, J. The Population Ecology of Organizations. American Journal of Sociology, 1977, 82 (5): 929 -964.

[136] Harrison, M. Asia-Pacific securities markets (2nd ed.). Hong Kong: Longman, 1994.

[137] Heaton, J. Managerial optimism and corporate finance. Financial Management, 2002, 31: 33 -45.

[138] Helfat, C. E. Evolutionary trajectories in petroleum firm R&D. Management Science, 1994, 40 (12): 1720 -1747.

[139] Henderson, R. & Cockburn, I. Measuring competence? Exploring firm effects in pharmaceutical research. Strategic Management Journal, 1994, 15: 63 - 63.

[140] Herold, D. M., Jayaraman, N. & Narayanaswamy, C. What is the relationship between organizational slack and innovation? Journal of Managerial Issues, 2006: 372 -392.

[141] Hey, J. D. Search for rules for search. Journal of Economic Behavior & Organization, 1982, 3 (1): 65 -81.

[142] He, Z. L. & Wong, P. K. Exploration vs exploitation: an empirical test of the ambidexterity hypothesis. Organization Science, 2004, 15 (4): 481 -494.

[143] Hitt, M. A., Hoskisson, R. E., Ireland, R. D. & Harrison, J. S. Are acquisitions a poison pill for innovation? . The Executive, 1991, 5 (4): 22 - 34.

[144] Holland, J. H. Adaptation in natural and artificial systems: An introductory analysis with applications to biology, control, and artificial intelligence. University of Michigan Press, 1975.

[145] Holmstrom, B. & Milgrom, P. Aggregation and linearity in the provision of intertemporal incentives. Econometrica, 1987, 55 (2): 303 -328.

[146] Holmstrom, B. Moral hazard and observability. Bell Journal of Economics, 1979, 10 (1): 74 -91.

[147] Howells, J., James, A. & Malik, K. The sourcing of technological knowledge: Distributed innovation processes and dynamic change. R&D Management, 2003, 33 (4): 395 -409.

[148] Huang, C. & Jacob, J. Determinants of quadic patenting: Market access, imitative threat, competition and strength of intellectual property rights. Technological Forecasting and Social Change, 2014, 85: 4 -16.

[149] Huang, Y. F. & Chen, C. J. The impact of technological diversity and organizational slack on innovation. Technovation, 2010, 30 (7 -8): 420 -428.

[150] Huber, G. P. Organizational learning: The contributing processes and the literatures. Organization Science, 1991, 2 (1): 88 -115.

[151] Jaffe, A. B., Trajtenberg, M. & Henderson, R. Geographic localization of knowledge spillovers as evidenced by patent citations. Quarterly Journal of Economics, 1993: 577 -598.

[152] Jansen, J. J. P., Van den Bosch, F. A. J. & Volberda, H. W. Exploratory innovation, exploitative innovation, and ambidexterity: The impact of environmental and organizational antecedents. Management Science, 2006, 52 (11): 1661 -1674.

[153] Jansen J. J., Volberda H. W., & Van Den Bosch F. A. Exploratory innovation, exploitative innovation, and ambidexterity: The impact of environmental and organizational antecedents. Schmalenbach Business Review. 2005, 57: 351 -363.

[154] Jansen, M. C. Agency costs of free cash flow, corporate finance, and

takeovers. American Economic Review, 1986, 76: 323 -329.

[155] Jansen, M. C. The modern industrial revolution, exit, and the failure of internal control systems. Journal of Finance, 1993, 48: 831 -880.

[156] Jaworski, B. J. & Kohli, A. K. Market orientation: Antecedents and consequences. Journal of Marketing, 1993, 57 (3): 53 -70.

[157] Jensen, M. G. & Meckling, W. H. Theory of the firm: Managerial behavior, agency cost, and ownership structure. Journal of Financial Economics, 1976, 3: 305 -360.

[158] Jourdan, Z., Rainer, R. K. & Marshall, T. E. Business intelligence: An analysis of the literature. Information Systems Management, 2008, 25 (2): 121 -131.

[159] Kamin, J. Y., & Ronen, J. The smoothing of income numbers: Some empirical evidence on systematic differences among management-controlled and owner-controlled firms. Accounting, Organizations, and Society, 1978, 3 (2): 141 -157.

[160] Katila, R, . & Ahuja, G. Something old, something new: A longitudinal study of search behavior and new product introduction. Academy of Management Journal, 2002, 45 (6): 1183 -1194.

[161] Katila, R. & Chen, E. L. Effects of search timing on innovation: The value of not being in sync with rivals. Administrative Science Quarterly, 2008, 53 (4): 593 -625.

[162] Katila, R., Chen, E. L. & Piezunka, H. All the right moves: How entrepreneurial firms compete effectively. Strategic Entrepreneurship Journal, 2012, 6 (2): 116 -132.

[163] Katila, R. New product search over time: past ideas in their prime? Academy of Management Journal, 2002, 45 (5): 995 -1010.

[164] Kim, C. & Park, J. H. Explorative search for a high-impact innovation: The role of technological status in the global pharmaceutical industry. R&D Manage-

ment, 2013, 43 (4): 394 –406.

[165] Kim, H. , Park, N. K. & Lee, J. How does the second-order learning process moderate the relationship between innovation inputs and outputs of large Korean firms? . Asia Pacific Journal of Management, 2014, 31: 69 –103.

[166] Kim, S. K. , Arthurs, J. D. , Sahaym, A. & Cullen, J. B. Search behavior of the diversified firm: The impact of fit on innovation. Strategic Management Journal, 2013, 34 (8): 999 –1009.

[167] Kim, W. C. & Mauborgne, R. Blue ocean strategy: From theory to practice. California Management Review, 2005, 47 (3): 105 –121.

[168] Kleinknecht, A. Measuring R&D in small firms: How much are we missing? . The Journal of Industrial Economics, 1987: 253 –256.

[169] Klevorick, A. K. , Levin, R. C. , Nelson, R. R. & Winter, S. G. On the sources and significance of interindustry differences in technological opportunities. Research policy, 1995, 24 (2): 185 –205.

[170] Knudsen, T. & Levinthal, D. A. Two faces of search: Alternative generation and alternative evaluation. Organization Science, 2007, 18 (1): 39 –54.

[171] Kogut, B. & Zander, U. Knowledge of the firm, combinative capabilities, and the replication of technology. Organization Science, 1992, 3 (3): 383 –397.

[172] Kondo, M. R&D dynamics of creating patents in the Japanese industry. Research Policy, 1999, 28: 587 –600.

[173] Koput, K. W. A chaotic model of innovative search: Some answers, many questions. Organization Science, 1997, 8 (5): 528 –542.

[174] Kriauciunas, A. & Kale, P. The impact of socialist imprinting and search on resource change: A study of firms in Lithuania. Strategic Management Journal, 2006, 27 (7): 659 –679.

[175] Kuran, T. The tenacious past: Theories of personal and collective conservatism. Journal of Economic Behavior & Organization, 1988, 10 (2): 143 –

171.

[176] Lane, P. J. and Koka, B. R. The reification of absorptive capacity: A critical review and rejuvenation of the construct. Academy of Management Review, 2006, 31 (4): 833 – 863.

[177] Lane, P. J. & Lubatkin, M. Relative absorptive capacity and interorganizational learning. Strategic Management Journal, 1998, 19: 461 – 477.

[178] Laursen K. , & Salter A. J. The paradox of openness: Appropriability, external search and collaboration. Research Policy. 2014, 43 (5): 867 – 878.

[179] Laursen, K. & Salter, A. Open for innovation: The role of openness in explaining innovation performance among UK manufacturing firms. Strategic Management Journal, 2006, 27: 131 – 150.

[180] Laursen, K. & Salter, A. Searching high and low: What types of firms use universities as source of innovation? . Research Policy, 2004, 33: 1201 – 1215.

[181] Lavie, D. & Rosenkopf, L. Balancing exploration and exploitation in alliance formation. Academy of Management Journal, 2006, 49 (4): 797 – 818.

[182] Lawrence, P. R. & Lorsch, J. W. Organization and environments. Cambridge, MA: Harvard University Press, 1967.

[183] Lawson, M. B. In praise of slack: Time is of the essence. The Academy of Management Executive, 2001, 15 (3): 125 – 135.

[184] Lawson, M. B. & Samson, D. Developing innovation capability in organisations: A dynamic capabilities approach. International Journal of Innovation Management, 2001, 5 (3): 377 – 400.

[185] Leibenstein, H. Organizational or frictional equilibria, X-efficiency, and the rate of innovation. Quarterly Journal of Economics, 1969, 83: 600 – 623.

[186] Leiponen, A. & Helfat, C. E. Innovation objectives, knowledge sources, and the benefits of breadth. Strategic Management Journal, 2010, 31 (2): 224 – 236.

[187] Leonard-Barton, D. Core capabilities and core rigidities: A paradox in

managing new product development. Strategic Management Journal, 1992, 13: 111 - 126.

[188] Levin, R. C., Klevorick, A. K., Nelson, R. R., Winter, S. G., Gilbert, R. & Griliches, Z. Appropriating the returns from industrial research and development. Brookings Papers on Economic Activity, 1987, 3: 783 - 831.

[189] Levinthal, D. A. & March, J. G. The myopia of learning. Strategic Management Journal, 1993, 14: 95 - 112.

[190] Levinthal, D. & March, J. G. A model of adaptive organizational search. Journal of Economic Behavior and Organization, 1981, 2: 307 - 333.

[191] Levinthal, D. & Myatt, J. Co-evolution of capabilities and industry: The evolution of mutual fund processing. Strategic Management Journal, 1994, 15 (S1): 45 - 62.

[192] Levitt, B. & March, J. G. Organizational learning. Annual review of sociology, 1988: 319 - 340.

[193] Lichtenthaler, U. Outbound open innovation and its effect on firm performance: Examining environmental influences. R&D Management, 2009, 39 (4): 317 - 330.

[194] Lin, W. T., Cheng, K. Y. & Liu, Y. Organizational slack and firm's internationalization: A longitudinal study of high-technology firms. Journal of World Business, 2009, 44: 397 - 406.

[195] Lounamaa, P. H. & March, J. G. Adaptive coordination of a learning team. Management Science, 1987, 33: 107 - 123.

[196] Lubatkin, M. H., Simsek, Z., Ling, Y. & Veiga, J. F. Ambidexterity and performance in small-to medium-seized firms: The pivotal role of top management team behavioral integration. Journal of Management, 2006, 32 (5): 646 - 672.

[197] Luo, Y. Industrial dynamics and managerial networking in an emerging market: The case of China, Strategic Management Journal, 2003, 24 (13): 1315 -

1327.

[198] Macher, J. T. Technological development and the boundaries of the firm: A knowledge-based examination in semiconductor manufacturing. Management Science, 2006, 52 (6): 826 -843.

[199] MacKenzie, D. Economic and sociological explanation of technical change. In R. Coombs, P. Saviotti and V. Walsh (eds.), Technological Change and Company Strategies: Economic and Sociological Perspectives. London: Harcourt Brace Jovanovich, 1992: 25 -48.

[200] Malerba, F. Learning by firms and incremental technical change. The Economic Journal, 1992, 102 (413): 845 -859.

[201] Mansfield, E. Industrial Research and Technological Innovation. New York: Norton, 1968.

[202] March, J. G. Exploration and exploitation in organizational learning. Organization Science, 1991, 2 (1): 71 -87.

[203] March J. G. & Simon H. Organizations. Wiley: New York, 1958.

[204] March, J. G. The technology of foolishness. In March, J. G. & Olsen, J. G. (Eds.), Ambiguity and choice in organizations, 1976: 69 - 81. Bergen: Universitetsforlaget.

[205] Martin, X. & Mitchell, W. The influence of local search and performance heuristics on new design introduction in a new product market. Research Policy, 1998, 26: 753 -771.

[206] McClelland, D. C. The achieving society. Princeton, NJ: Van Nostrand, 1961.

[207] Meyer, A. Adapting to environment jolts. Administrative Science Quarterly, 1982, 27: 515 -537.

[208] Miller, D. and Friesen, P. H. Strategy-making and environment: The third link. Strategic Management Journal, 1983, 4 (3): 221 -235.

[209] Miller, D. J., Fern, M. J. & Cardinal, L. B. The use of knowledge

for technological innovation within diversified firms. Academy of Management Journal, 2007, 50 (2): 307 – 325.

[210] Minbaeva, D., Pederson, T., Bjoerkman, I., Fey, C. F. & Park, H. J. MNC knowledge transfer, subsidiary absorptive capacity, and HRM. Journal of International Business Studies, 2003, 34 (6): 586 – 599.

[211] Mintzberg, H. The structuring of organizations: A synthesis of the research. University of Illinois at Urbana-Champaign's Academy for Entrepreneurial Leadership Historical Research Reference in Entrepreneurship. 1979.

[212] Mokyr, J. The lever of riches: Technological creativity and economic progress. 1990. New York: Oxford.

[213] Montgomery, C. A. The measurement of firm diversification: Some new empirical evidence. Academy of Management Journal, 1982, 25 (3): 299 – 307.

[214] Morgan, R. E. & Berthon, P. Market Orientation, Generative Learning, Innovation Strategy and Business Performance Inter-Relationships in Bioscience Firms. Journal of Management Studies, 2008, 45 (8): 1329 – 1353.

[215] Moses, O. D. Organizational slack and risk-taking behavior: Tests of product pricing strategy. Journal of Organizational Change Management, 1992, 5 (3): 38 – 54.

[216] Mowery, D. C., Oxley, J. E. & Silverman, B. S., Strategic alliances and interfirm knowledge transfer. Strategic Management Journal, 1996, 17 (Special Issue): 77 – 91.

[217] Mowery, D. C. The relationship between intrafirm and contractual forms of industrial research in American manufacturing, 1900 – 1940. Explorations in Economic History, 1983, 20: 35 – 74.

[218] Nag, R. & Gioia, D. A. From Common to Uncommon Knowledge: Foundations of Firm-Specific Use of Knowledge as a Resource. Academy of Management Journal, 2012, 55 (2): 421 – 457.

[219] Nahavandi, A. & Malekzadeh, A. R. Leader style in strategy and organ-

izational performance: An integrative framework. Journal of Management Studies, 30 (3): 405 -425.

[220] Narin, F., Noma, E. & Perry, R. Patents as indicators of corporate technological strength. Research Policy, 1987, 16 (2): 143 -155.

[221] Nelson, R. R. & Winter, S. An evolutionary theory of economic change. Cambridge: Harvard University Press, 1982.

[222] Nerkar, A. Old is gold? The value of temporal exploration in the creation of new knowledge. Management Science, 2003, 49 (2): 211 -229.

[223] Nohria, N. & Gulati, R. Is slack good or bad for innovation? Academy of Management Journal, 1996, 39 (5): 1245 -1264.

[224] O'Reilly, C. A. & Tushman, M. L. Ambidexterity as a dynamic capability: Resolving the innovator's dilemma. Research in Organizational Behavior. 2008, 28: 185 -206.

[225] O'Reilly, C. A. & Tushman, M. L. Organizational ambidexterity in action: How managers explore and exploit. California Management Review, 2011, 53 (4): 5 -22.

[226] O'Reilly, C. A. & Tushman, M. L. The ambidextrous organization. Harvard Business Review, 2004, 82: 74 -81.

[227] Papadakis, V. M. Do CEOs shape the process of making strategic decisions? Evidence from Greece. Management Decision, 44 (3): 367 -394.

[228] Patel, P. & Soete, L. Technological trends and employment in the UK manufacturing sectors. Freeman and Soete, 1987: 122 -168.

[229] Pavitt, K. & Patel, P. The international distribution and determinants of technological activities. Oxford Review of Economic Policy, 1988, 4 (4): 35 -55.

[230] Penner-Hahn, J. & Shaver, J. M. Does international research and development increase patent output? An analysis of Japanese pharmaceutical firms. Strategic Management Journal, 2005, 26 (2): 121 -140.

[231] Penrose, R. The apparent shape of a relativistically moving sphere. In Mathematical Proceedings of the Cambridge Philosophical Society, 1959, 55 (1): 137 – 139.

[232] Peretti, F. & Negro, G. Filling empty seats: How status and organizational hierarchies affect exploration versus exploitation in team design. Academy of Management Journal, 2006, 49 (4): 759 – 777.

[233] Pfeffer, J. & Salancik, G. The external control of organizations. Boston: Pitman Press, 1978.

[234] Phene, A., Fladmoe-Lindquist, K. & Marsh, L. Breakthrough innovations in the US biotechnology industry: The effects of technological space and geographic origin. Strategic Management Journal, 2006, 27: 369 – 388.

[235] Pisano, G. P. The R&D boundaries of the firm: An empirical analysis. Administrative Science Quarterly, 1990: 153 – 176.

[236] Porter, M. E., Competitive Strategy: Techniques for Analyzing Industries and Competitors, Free Press, New York, 1980.

[237] Porter, M. E. Competitive Strategy: Techniques for analyzing industries and competitors. New York: Free Press, 1998.

[238] Prager, D. J. & Omenn, G. S. Research, innovation, and university-industry linkages. Science, 1980, 207 (4429): 379 – 384.

[239] Radner, R. & Rothschild, M. On the allocation of effort. Journal of Economic Theory, 1975, 10 (3): 358 – 376.

[240] Raisch, S. & Birkinshaw, J. Organizational ambidexterity: Antecedents, outcomes, and moderators. Journal of Management, 2008, 34 (3): 375 – 409.

[241] Raisch, S., Birkinshaw, J., Probst, G. & Tushman, M. L. Organizational ambidexterity: Balancing exploitation and exploration for sustained performance. Organization science, 2009, 20 (4): 685 – 695.

[242] Raisch, S. & Hotz, F. Shaping the context for learning: Corporate alignment initiatives, environmental munificence, and firm performance. Strategic

reconfigurations: Building dynamic capabilities in rapid-innovation-based industries. Cheltenham, UK: Edward Elgar, 2010: 62 -85.

[243] Rapoport, A. A study of human control in a stochastic multistage decision task. Behavioral Science, 1966, 11 (1): 18 -32.

[244] Riahi-Belkaoui, A. The impact of the multi-divisional structure on organizational slack: The contingency of diversification strategy. British Journal of Management, 1998, 9: 211 -217.

[245] Rivkin, J. W. & Siggelkow, N. Balancing search and stability: Interdependencies among elements of organizational design. Management Science, 2003, 49 (3): 290 -311.

[246] Robertson, T. S. & Gatignon, H. Technology development mode: A transaction cost conceptualization. Strategic Management Journal, 1998, 19 (6): 515 -531.

[247] Romer, P. M. The origins of endogenous growth. Journal of Economic Perspectives, 1994, 8 (1): 3 -22.

[248] Rosenkopf, L. & Almeida, P. Overcoming local search through alliances and mobility. Management Science, 2003, 49 (6): 751 -766.

[249] Rosenkopf, L. & Nerkar, A. Beyond local search: Boundary-spanning, exploration, and impact in the optical disk industry. Strategic Management Journal, 2001, 22: 287 -306.

[250] Ross, J. M. & Sharapov, D. When the leader follows: Avoiding dethronement through imitation. Academy of Management Journal, 2015, 58 (3): 658 -679.

[251] Rothaermel, F. T. & Alexandre, M. T. Ambidexterity in technology sourcing: The moderating role of absorptive capacity. Organization Science, 2009, 20 (4): 759 -780.

[252] Russo, A. & Vurro, C. Cross-boundary ambidexterity: Balancing exploration and exploitation in the fuel cell industry. European Management Review,

2010, 7: 30 –45.

[253] Sakakibara, K. & Westney, D. E. Japan's management of global innovation: Technology management crossing borders. Technology and the Wealth of Nations, 1992: 327 –43.

[254] Scherer, F. M. Firm size, market structure, opportunity, and the output of patented inventions. The American Economic Review, 1965, 55 (5): 1097 – 1125.

[255] Schilke, O. On the continent value of dynamic capabilities for competitive advantage: The nonlinear moderating effect of environmental dynamism. Strategic Management Journal, 2014, 35: 179 –203.

[256] Schilling, M. A. Technological lockout: An integrative model of the economic and strategic factors driving technology success and failure. Academy of Management Review, 1998, 23 (2): 267 –284.

[257] Schmookler, J. Invention and Economic Growth. Cambridge: Harvard University Press, 1966.

[258] Schreyögg, G. & Kliesch-Eberl, M. How dynamic can organizational capabilities be? Towards a dual-process model of capability dynamization. Strategic Management Journal, 2007, 28 (9): 913 –933.

[259] Schumpeter J. A. Capitalism, Socialism and Democracy. Unwin: London. 1942.

[260] Schumpeter, J. A. The theory of economic development: An inquiry into profits, capital, credit, interest, and the business cycle (Vol. 55). Transaction publishers, 1934.

[261] Sharfman M. P. & Dean, J. W. Conceptualizing and measuring the organizational environment: A multidimensional approach. Journal of Management, 1991, 17 (4): 681 –700.

[262] Sharfman M. P. , Wolf, G. , Chase, R. B. & Tansik, D. A. Antecedents of organizational slack. Academy of Management Review, 1988, 13 (4): 601 –

614.

[263] Shenkar, O. & Li, J. Knowledge search in international cooperative ventures. Organization Science, 1999, 10 (2): 134 –214.

[264] Sheremata, W. Centrifugal and centripetal forces in radical new product development under time pressure. Academy of Management Review, 2000, 25: 389 – 408.

[265] Sidhu, J. S., Commandeur, H. R. & Volberda, H. W. The multifaceted nature of exploration and exploitation: Value of supply, demand, and spatial search for innovation. Organization Science, 2007, 18 (1): 20 –38.

[266] Siggelkow N., & Levinthal D. A. Temporarily Divide to Conquer: Centralized, Decentralized, and Reintegrated Organizational Approaches to Exploration and Adaptation. Organization Science. 2003, 14 (6): 650 –669.

[267] Simon, H. A. A Behavioral Model of Rational Choice. Quarterly Journal of Economics, 1955, 69: 99 –118.

[268] Simon, M. & Houghton, S. The relationship between overconfidence and the introduction of risky products: Evidence from a field study. Academy of Management Journal, 2003, 46: 139 –149.

[269] Simsek, Z., Heavey, C., Veiga, J. F. & Souder, D. A typology for aligning organizational ambidexterity's conceptualizations, antecedents, and outcomes. Journal of Management Studies, 2009, 46 (5): 864 –894.

[270] Simsek, Z. Organizational ambidexterity: Towards a multilevel understanding. Journal of Management Studies, 2009, 46 (4): 597 –624.

[271] Singh, J. V. Distributed R&D, cross-regional knowledge integration and quality of innovative output. Research Policy, 2008, 37: 77 –96.

[272] Singh, J. V. Performance, slack, and risk taking in organizational decision making. Academy of Management Journal, 1986, 29: 562 –585.

[273] Sirmon, D. G., Hitt, M. A. & Ireland, R. D. Managing firm resources in dynamic environments to create value: Looking inside the black box. Academy of

Management Review, 2007, 32 (1): 273 -292.

[274] Sluyts, K., Matthyssens, P., Martens, R. & Streukens, S. Building capabilities to manage strategic alliances. Industrial Marketing Management, 2011, 40 (6): 875 -886.

[275] Smircich L. & Stubbart, C. Strategic management in an enacted world. Academy of Management Review, 1985, 10 (4): 724 -736.

[276] Smith, W. K. & Tushman, M. L. Managing strategic contradictions: A top management model for managing innovation streams. Organization Science, 2005, 16 (5): 522 -536.

[277] Sørensen, J. B. & Stuart, T. E. Aging, obsolescence, and organizational innovation. Administrative Science Quarterly, 2000, 45 (1): 81 -112.

[278] Starbuck, W. H. Organizations and their environments. in Dunnette M. D. (Ed.), Handbook of Industrial and Organizational Psychology, Rand McNally, Chicago, IL, 1976: 1069 -1123.

[279] Staw, B. M. The escalation of commitment to a course of action. Academy of Management Review, 1981, 6 (4): 577 -587.

[280] Stein, B. A. & Kanter, R. M. Building the parallel organization: Creating mechanisms for permanent quality of work life. Journal of Applied Behavioral Science, 1980, 16: 371 -388.

[281] Stock, G. N., Greis, N. P. & Fischer, W. A. Absorptive capacity and new product development. The Journal of High Technology Management Research, 2001, 12 (1): 77 -91.

[282] Stuart, T. E. & Podolny, J. M. Local search and the evolution of technological capabilities. Strategic Management Journal, 1996, 17: 21 -38.

[283] Subramaniam, M. & Venkatraman, N. Determinants of transnational new product development capability: Testing the influence of transferring and deploying tacit overseas knowledge. Strategic Management Journal, 2001, 22 (4): 359 -378.

[284] Su, Z., Peng, J., Shen, H. & Xiao, T. Technological capability, marketing capability, and firm performance in turbulent conditions. Management and Organization Review, 2013, 9 (1): 115-137.

[285] Tan, J. J. Curvilinear relationship between organizational slack and firm performance: Evidence from Chinese state enterprises. European Management Journal, 2003, 21 (6): 740-749.

[286] Tan, J. J. & Litschert, R. J. Environment-Strategy relationship and its performance implications: An empirical study of the Chinese electronics industry. Strategic Management Journal, 1994, 15 (1): 1-20.

[287] Tan, J. J. & Tan, D. Environment-strategy co-evolution and co-alignment: A staged model of Chinese SOEs under transition. Strategic Management Journal, 2005, 26 (2): 141-157.

[288] Tan, J. & Peng, M. W. Organizational slack and firm performance during economic transitions: Two studies from an emerging economy. Strategic Management Journal, 2003, 24 (13): 1249-1263.

[289] Teece, D. J., Pisano, G. & Shuen, A. Dynamic capabilities and strategic management. Strategic Management Journal, 1997, 18 (7): 509-533.

[290] Tethe, B. S. Small and large firms: sources of unequal innovations? Research Policy, 1998, 27: 725-745.

[291] Thompson, J. D. Organizations in action. New York: McGraw-Hill, 1967.

[292] Thomson Reuters. The future is open, 2015.

[293] Tilton, J. E. International diffusion of technology: The case of semiconductors (Vol. 4). Brookings Institution Press, 1971.

[294] Todorova, G. & Durisin, B. Absorptive capacity: Valuing a reconceptualization. Academy of Management Review, 2007, 32 (3): 774-786.

[295] Tsai, K. H. & Wang, J. C. External technology sourcing and innovation performance in LMT sectors: An analysis based on the Taiwanese Technological In-

novation Survey. Research Policy, 2009, 38: 518-526.

[296] Tsai, M. T. & Huang, Y. C. Exploratory learning and new product performance: The moderating role of cognitive skills and environmental uncertainty. Journal of High Technology Management Research, 2008, 19 (2): 83-93.

[297] Tsai, W. Knowledge transfer in intra organizational networks: Effects of network position and absorptive capacity on business unit innovation and performance. Academy of Management Journal, 2001, 44 (5): 996-1004.

[298] Tung, R. Dimensions of organizational environments: An exploratory study of their impact on organizational structure. Academy of Management Journal, 1979, 22: 672-693.

[299] Tushman, M. L. & O'Reilly, C. A. The ambidextrous organizations: managing evolutionary and revolutionary change. California Management Review, 1996, 38 (4): 8-30.

[300] Tushman, M. L. & Rosenkopf, L. Organizational determinants of technological-change-toward a sociology of technological evolution. Research in Organizational Behavior, 1992, 14: 311-347.

[301] Van den Bosch, F. A. J., Volberda, H. W. & Boer, M. Coevolution of firm absorptive capacity and knowledge environment: Organizational forms and combinative capabilities. Organization Science, 1999, 10 (5): 551-568.

[302] Vasudeva, G. & Anand, J. Unpacking absorptive capacity: A study of knowledge utilization from alliance portfolios. Academy of Management Journal, 2011, 54 (3): 611-623.

[303] Venkatraman, N., Lee, C. H. & Iyer, B. Strategic ambidexterity and sales growth: A longitudinal test in the software sector. Unpublished Manuscript, 2007 (earlier version presented at the Academy of Management Meetings, 2005).

[304] Venkatraman, N. & Prescott, J. E. Environment-strategy coalignment: An empirical test of its performance implications. Strategic Management Journal, 1990, 11: 1-23.

[305] Vermeulen, F. & Barkema, H. Pace, rhythm, and scope: Process dependence in building a profitable multinational corporation. Strategic Management Journal, 2002, 23 (7): 637 -653.

[306] Veugelers, R. Internal R&D expenditures and external technology sourcing. Research Policy, 1997, 26: 303 -315.

[307] Vincenti, W. G. What Engineers Know and How They Know It Analytical Studies From Aeronautical History, 1990.

[308] Volberda, H. Building the flexible firm: How to remain competitive. Oxford, UK: Oxford University Press, 1998.

[309] von Hippel, E. Sticky information' and the locus of problem solving: Implications for innovation. Management Science, 1994, 40 (4): 429 -439.

[310] Voss, G. B., Sirdeshmukh, D. & Voss, Z. G. The effects of slack resources and environmental threat on product exploration and exploitation. Academy of Management Journal, 2008, 51 (1): 147 -164.

[311] Wang, H. & Li, J. Untangling the effects of overexploration and overexploitation on organizational performance: The moderating role of environmental dynamism. Journal of Management, 2008, 34 (5): 925 -951.

[312] Weick, K. The social psychology of organizing (2nd ed.). Boston, MA: Addison-Wesley, 1979.

[313] Wernerfelt, B. A resource-based view of the firm. Strategic Management Journal, 1984, 5 (2): 171 -180.

[314] Williamson, O. E. A model of rational managerial behavior. In R. M. Gyert & J. G. March (Eds.), A behavioral theory of the firm, 1963: 237 -252. Englewood Gliffs, NJ: Prentice-Hall.

[315] Williamson, O. E. Markets and hierarchies. Free Press, New York, 1975: 26 -30.

[316] Williamson, O. E. The economics of discretionary behavior: Managerial objectives in a theory of the firm. 1964. Englewood Gliffs, NJ: Prentice-Hall.

[317] Winter, S. , G. Satisficing, Selection, and the Innovating Remnant. Quarterly Journal of Economics, 1971, 85: 237 -261.

[318] Winter, S. G. Schumpeterian competition in alternative technological regimes. Journal of Economic Behavior & Organization, 1984, 5 (3): 287 -320.

[319] Wiseman, R. M. & Catanach, C. A longitudinal disaggregation of operational risk under changing regulations: Evidence from the savings and loan industry. Academy of Management Journal, 1997, 40 (4): 799 -830.

[320] Wiseman, R. M. & Gomez-Mejia, L. R. A behavioral agency model of managerial risk taking. Academy of management Review, 1998, 23 (1): 133 -153.

[321] Wu, A. & Wei, J. Effects of Geographic Search on Product Innovation in Industrial Cluster Firms in China. . Management and Organization Review, 2013, 9 (3): 465 -487.

[322] Xie, Q. CEO tenure and ownership mode choice of Chinese firms: The moderating roles of managerial discretion. International Business Review, 2014, 23 (5): 910 -919.

[323] Xie, W. & Wu, G. Differences between learning processes in small tigers and large dragons: Learning processes of two color TV (CTV) firms with in China. Research Policy, 2003, 32: 1463 -1479.

[324] Yamakawa, Y. , Yang, H. & Lin, Z. J. Exploration versus exploitation in alliance portfolio: Performance implications of organizational, strategic, and environmental fit. Research Policy, 2011, 40: 287 -296.

[325] Yang, H. , Phelps, C. & Steensma, H. K. Learning from what others have learned from you: The effects of knowledge spillovers on originating firms. Academy of Management Journal, 2010, 53 (2): 371 -389.

[326] Yang, H. , Zheng, Y. & Zhao, X. Exploration or exploitation? Small firms' alliances strategies with large firms. Strategic Management Journal, 2014, 35: 146 -157.

[327] Yayavaram, S. & Ahuja, G. Decomposability in knowledge structures and its impact on the usefulness of inventions and knowledge-base malleability. Administrative Science Quarterly, 2008, 53 (2): 333 –362.

[328] Yu, S. H. Social capital, absorptive capacity, and firm innovation. Technological Forcasting & Social Change, 2013, 80 (7): 1261 –1270.

[329] Zahra S. A. & George, G. Absorptive capacity: A review, reconceptualization, and extension. Academy of Management Review, 2002, 27 (2): 185 – 203.

[330] Zand, D. Collateral organization: A new change strategy. Journal of Applied Behavioural Science, 1974, 10: 63 –89.

[331] Zhang, Y. , Li, H. , Li, Y. & Zhou, L. A. FDI spillovers in an emerging market: The role of foreign firms' country origin diversity and domestic firms' absorptive capacity. Strategic Management Journal, 2010, 31 (9): 969 –989.

[332] Zhou K. Z. & Wu, F. Technological capability, strategic flexibility, and product innovation. Strategic Management Journal, 2010, 31: 547 –561.

[333] Ziegler, C. Apple's Steve Jobs: "No one'sgoingtobuy" a big phone. http: //www. engadget. com/2010/07/16/jobs-no-ones-going-to-buy-a-big-phone/. 2010. 07. 16/2016. 02. 10.

后　　记

一、我的学术成长之路

细想起来，在大一、大二奔波于繁重的课业学习和丰富的社团活动之后，学术的大门在大三那一年才向我缓缓打开。彼时的我，其实原本只想在本科毕业后读一个硕士学位就去工作。然而，大三那一年，为了减少冬学期的课业负担，我将专业必修的《组织行为学》课程安排在了秋学期，也因此有幸成为了谢小云教授课堂上的一位学生。谢老师寓教于乐的授课风格，不仅让我开始用理论的视角去审视生活，更然我意识到，原来学术研究可以这样有趣。之后，我又去旁听了谢老师的《人事测评与选拔》课程，这更加使我萌生了攻读博士学位的想法，我的人生轨迹也因此而改变。

在定下读博的计划之后，我开始寻找一切可以参加科研工作的机会。因为本科时修读的专业是市场营销，最后，我找到了彼时刚来到浙江大学管理学院工作的陈弘信教授，并有幸成为了陈老师的研究助理，参与他关于营销渠道冲突与解决方案的研究课题。在跟随陈老师学习的一年半时间里，他将我带入科研的大门，孜孜不倦地传授我各种研究的技能，并引导我阅读了大量的理论书籍和论文文献，这为我之后的正式读博打下了扎实的基础。而读博之后，我又选修了陈老师的全英文市场营销课程，课堂上的提问与辩论，以及课余的大量文献阅读，让我逐渐培养起用批判的眼光阅读文献、寻找研究思路的习惯。

要感谢母校浙江大学宽口径、深基础的大类培养模式，通过大学前三年的学习与研究，我逐渐意识到，我所感兴趣并且真正想要研究的是企业创新与战略管理的问题。于是，我在大四伊始，获得了母校直接攻读博士学位的保送资格，并有幸成为了郭斌教授的学生。

在确认了保送资格之后，我想，既然未来至少有五年要投身于学术研究，不妨在这五年开始之前，去企业里看看大家都在做些什么。当时，杭州这座城市的电子商务行业正如火如荼地成长着，我有幸进入了当时隶属于淘宝SNS发展部的聚划算项目组（之后从淘宝网剥离，作为阿里巴巴旗下单独的业务模块以公司化方式运营）并成为一名运营实习生，亲身感受到了中国电子商务的快速发展，并接触到了大量的中小企业和创业者，他们积极向上的生活态度与工作热情使我深受鼓舞。而在走上学术道路之后，中小企业和创业者也成为我的重要研究对象，能以这样一种方式见证并记录这个群体的崛起是我的荣幸。

在博士四年级的时候，我有幸获得国家留学基金委的资助，赴瑞典隆德大学（Lund University）进行为期一年的公派联合培养，师从经济管理学院的托马斯·卡林（Thomas Kalling）教授。卡林教授的研究团队擅长用质性研究的方法探究企业的创新管理问题，而这正是一直采用定量研究方法的我所欠缺的能力。在隆德的那一年，我时常参加研究所、学院、学校组织的讲座，并组织了自己的seminar（研讨会）分享自己基于中国制造业企业，特别是中小企业的研究成果。至今，我与当时认识的同事们还保持着密切的联系，并合作开展了一项关于瑞典某跨国公司新产品开发的嵌入式案例研究，最后这项工作形成的论文发表于一本聚焦于北欧管理研究的学术期刊 *Baltic Journal of Management*（《波罗的海管理杂志》，2021年）。

二、企业知识搜索研究的小结与展望

很幸运，在读博初期，就选定了制造业企业创新搜索这个研究主题。当时，依托加拿大国际发展研究中心（IDRC）《运用全面创新管理理论提高中小企业创新能力研究》这一项目，我在导师的悉心指导下，采用问卷研究的方法开展了两项围绕浙江省制造业中的中小企业外部知识搜索前因的研究工作。因为在当时，针对企业知识搜索的研究绝大多数都集中在搜索给企业的创新绩效、财务绩效带来的影响上，研究对象也大多为发达国家和地区的大中型企业或高技术企业，很少有研究去探讨在新兴经济体的情境下，究竟有哪些因素会影响中小企业的知识搜索行为与战略。这两项工作形成的论文最

终分别发表于 *Chinese Management Studies*（《中国管理研究》，2014 年）和 *Asian Journal of Technology Innovation*（《亚洲技术创新杂志》，2015 年）上。

在读博阶段的中后期，我在导师的建议下，将目光投向一些高质量的数据库，开始尝试使用一些更加丰富客观、时间跨度更广、业内认可度较高的二手数据来开展企业知识搜索的研究，以便得到更加具有普适性的研究发现，并更好地与采用同样数据库的研究进行对话。一开始，这个过程是比较艰难的，这不仅意味着以前的问卷数据将不再服务于我未来的研究，也意味着我要从头开始面对纷繁复杂的数据清洗与处理工作。在这个过程中，我不止一次对自己的能力和研究的前景产生怀疑，也不止一次因为淹没在海量的数据中而感到迷茫。但最终，在师长、同学、朋友的鼓励与帮助下，我渡过最艰苦的阶段，逐步建立起了自己的数据库。这个数据库包含了在美国上市的制造业企业的专利信息、各项财务指标、行业数据，其不仅帮助我顺利完成了博士论文，还使我能够在博士毕业后顺利发表了两篇相关主题的论文在 *Journal of Knowledge Management*（《知识管理杂志》，2017 年）和 *Technology Analysis & Strategic Management*（《技术分析与战略管理》，2020 年）上。

之后，在制造业企业知识搜索这个领域内的研究积累，又帮助我在 2018 年拿到了国家自然科学基金和中国博士后科学基金的资助，为我后续在该领域的继续探索给予了莫大的鼓舞。如今，虽然我的研究领域有所拓展和增加，但仔细想来，这些新增的细分领域无不与这一主题有着千丝万缕的联系，未来我也将持续深耕于这个领域。

三、致谢

《企业知识搜索二元性与创新绩效：基于本地—远程搜索视角》这本书的结集出版是对我学术生涯早期研究成果的总结。这本书能够顺利完成并面世，离不开许多人的关心与帮助。

感谢我的博士导师——郭斌教授。于我而言，他像一座巨大的宝藏，让我五年的博士学习中收获颇丰。他是我读博之路上的引路人，也是一位值得尊敬的长辈，一位同心协力的合作者，一位聪慧温暖的朋友。在博士阶段的五年学习时光中，不论是研究选题、研究开展，还是论文构思与写作，甚至细到发言展示技巧，郭老师都会有问必答，悉心指导。他还在为人与治学态度上给学生们树立了榜样，严谨的研究作风，深厚的学术功底，淡泊的人生态度，都让学生获益匪浅。郭老师还充分理解并尊重学生的选择，在学术研究和业余爱好上都给予了学生很多自由探索的空间，让我的学习与生活都安排得充实而多彩。即便是毕业之后，在工作上遇到了难题和困惑，郭老师依然给予了我无私的帮助与及时的解答。

在瑞典隆德大学联合培养的那一年也是一段难忘的经历。感谢瑞典方面的导师托马斯·卡林（Thomas Kalling）教授、时任瑞典驻中国大使馆科技参赞的加布里尔·萨默斯法利安（Gabriel Somesfalean）教授在我申请入学期间和入学之后给予的无私帮助与指导。感谢国家留学基金委、浙江大学—隆德大学创新创业联合中心为我出国学习交流提供的资助。感谢在瑞典认识的小伙伴们的陪伴。

本书中的核心研究内容得以顺利完成，也离不开大家的帮助。感谢尹妍杰、朱涛博士、张惜丽教授、黄灿教授、梁子涵、周莎莎、李文、庞学卿，在我的研究工作遭遇瓶颈一筹莫展时给我的启发与帮助。

感谢吴晓波教授，他领导的Elite大团队中的各位老师和各位同门，在我读博期间给予了各种帮助与支持，提供了丰富多彩的学习机会与成长空间，吴老师本人对我们的谆谆教诲每每想起都有新的感悟。

感谢我班德育导师张钢教授，在我们入学后，给予大家各种关心与帮助，特别是在我读博早期，对我学习与科研上的及时点拨。

感谢读博期间结识的好友曾瑞设、郭琳、张尧、卢静、胡辰光、赵子溢，是他们在我需要帮助和支持的时候给我加油，也是他们陪我度过了读博期间最难熬的那段时光。

感谢孙玉涛教授与洪勇教授，在百忙之中为本书的初稿提出宝贵的修改意见，使最终的成品增色不少。

感谢国家自然科学基金（项目编号：71802038），国家社科基金重大项目（项目编号：20&ZD074）为本书的出版提供的资助。

最后，衷心感谢我的父母。你们给了我生命，又给了我自由决定生活方式的权利，充分尊重我从小到大的每一个决定，让我能够认真、负责、勇敢地面对生活。

愿本书能够为我开启新世界的大门，成为我后续学术研究的新起点。

愿步履不停。

汪玥琦

2020 年冬于凌水河畔